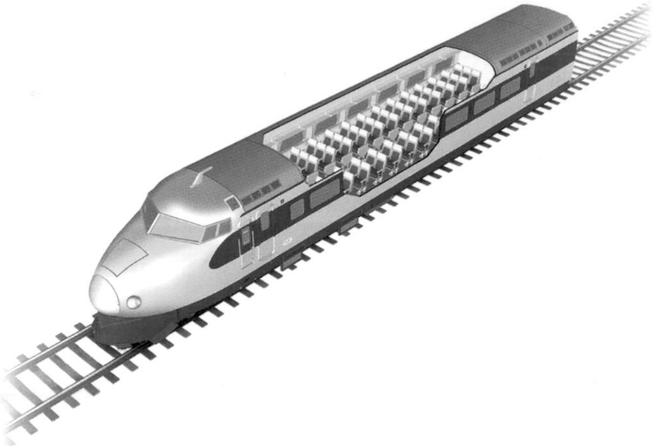

鐵道透視圖鑑

15款 日本列車內部大圖解！

松島浩一郎

交通工具
解說圖鑑
001

U0088484

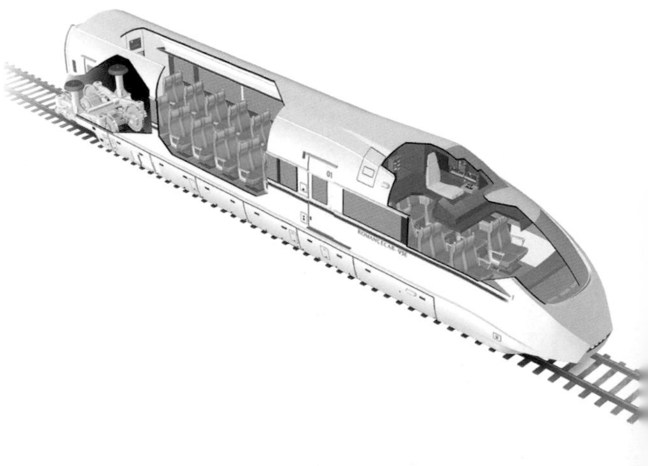

目次

※本書內容為依據2022年8月時之資料編寫。

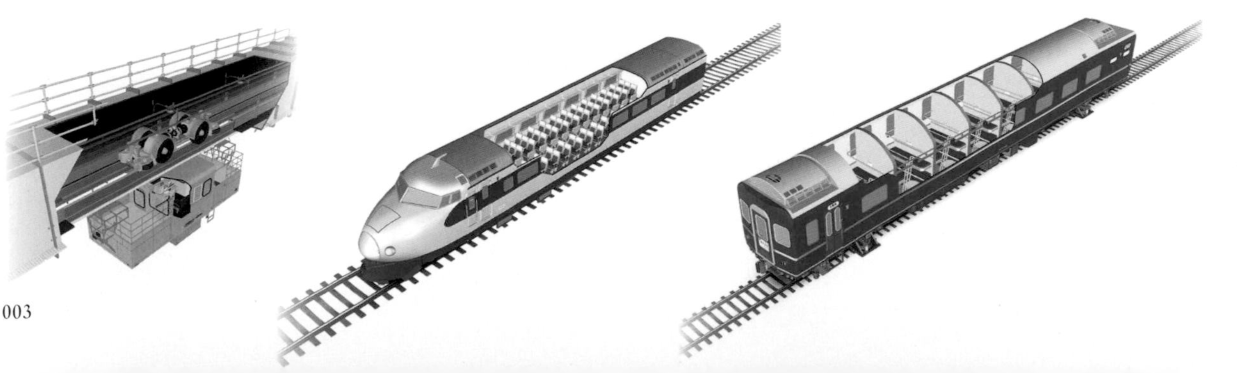

嚴選！30 個不可不知的 鐵道用語

以下精心選出了30個只要是鐵道迷必定耳熟能詳的鐵道用語，並以初學者也看得懂的方式講解，幫助你更快進入鐵道的世界。

※依中文筆畫順序排列

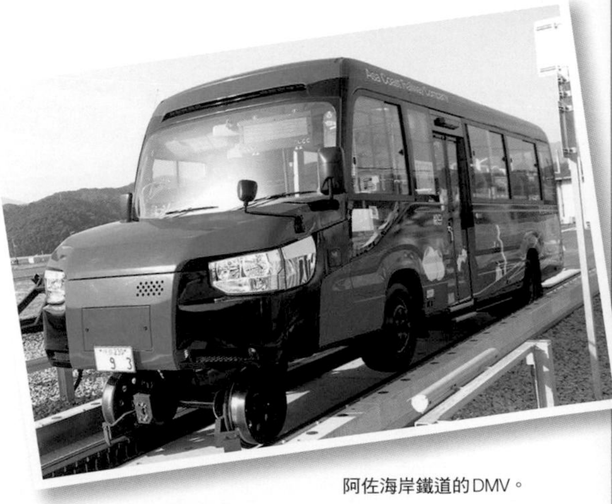

阿佐海岸鐵道的DMV。

甲種運送

車輛不使用自身動力，而是編入貨運列車等由機車頭牽引稱為甲種運送。常見於新車交車或為進行車輛改裝而運往工廠等情況，用非鐵道的大型拖板車在馬路上運送也屬於甲種運送。

交直流中性區

位在交流與直流的電氣化區間交界處的設備，目的是防止不同電源的短路。由於有一部分絕緣，相當於無電區間的一種。交直流兩用電車進入交直流中性區時會進行電力的切換，此時車內的照明會短暫熄滅。

再生制軔

電車制軔（煞車）時，使馬達發揮發電機的作用，將產生的電送回高架電車線，供電給其他電車。

事業用車

用於客運、貨運以外目的的車輛，包括了養護、管理軌道的工程車輛及乘務員訓練車、測試車等。

枕簧

設置於轉向架與車體間的彈簧裝置。扮演支撐車體的緩衝角色，讓車輛得以穩定行駛，乘坐起來更加舒適。

空氣壓縮機

英文稱作Compressor，是產生壓縮空氣的裝置。壓縮空氣用於制軔、開關車門、升降集電弓等。

表定速度

行駛距離除以包括停車時間在內的總移動時間計算出的平均速度。JR在來線列車之中表定速度最快的是大阪～金澤間的特急「雷鳥」37號，達時速106公里。

建築界限測量車

確認站體或高架電車線電桿等鐵軌周邊設施是否位於不會接觸到車輛之範圍（建築界限）的車輛。

Accommodation

泛指座椅、照明、空調、廁所等車內設備。這些部分進行了翻新的車輛稱為「Accommo改造車（Accommo車）」。

ATC

列車自動控制裝置（Automatic Train Control）。防止列車碰撞事故的保護裝置之一，當列車超過速限時，從地面裝置傳送的信號會使列車自動減速。近年來逐漸取代類比ATC的數位ATC可進行更加細微的速度控制。

ATO

列車自動運轉裝置（Automatic Train Operation）。可以透過地面裝置傳送的信號自動運轉列車，對於日本的新交通系統的自動駕駛及地下鐵的單人乘務等有所貢獻。

ATS

列車自動停止裝置（Automatic Train Stop）。防止列車碰撞事故的保護裝置之一，當列車到達顯示停止的號誌機附近時，控制台的鈴會發出警報聲提醒駕駛員注意。若駕駛員未依指示停車，ATS會啟動緊急制軔停下列車。

DMV

雙模式車輛（Dual Mode Vehicle），在軌道及道路皆可行駛的新型交通工具。德島縣的阿佐海岸鐵道在2021年12月成為全球第一家使用DMV商業運轉的業者。

VVVF逆變器控制

目前最常見的速度控制方式。過去的軸懸式驅動及架懸式驅動等使用的是直流馬達，VVVF逆變器控制則是搭載保養維修較為簡便的交流馬達。除了將直流電轉換為交流電，也改變頻率與電壓以控制馬達的旋轉。VVVF為「Variable Voltage Variable Frequency（變壓變頻）」的縮寫。

主控制器

由駕駛員操作，控制速度的機器，英文為Master controller。過去一般為右手操作司軔閥，左手操作主控制器，但近年來的主流是將司軔閥把手與主控制器把手合而為一的「單把手主控制器」。

E655系皇室列車。帶有光澤的
紫褐色車身十分美麗。

軸懸式驅動

電車等的傳動方式之一，以懸掛於車軸與轉向架框的方式安裝馬達。因結構簡單，過去十分普及，但馬達的重量會施加於車軸，衝擊較大，所以不適合高速行駛。因此除了路面電車及一部分電力機車外，近年來已經幾乎看不到。

傾斜式列車

為減輕進彎時的離心力，車身會往彎道內側傾斜，以改善乘坐舒適度的列車，也被稱為「振子式列車」。但因為成本過高等問題，近年來不受青睞，藉由改變轉向架上空氣彈簧的左右壓力使車身傾斜的「空氣彈簧式」取而代之成為了主流。

閘流體驅動器控制

速度控制方式的一種，閘流體是一種半導體元件，可藉此改變開啟馬達電路的相位，控制輸出電壓。是比界磁添加勵磁控制更早實用化的技術。

調車

日文漢字寫作「入換」，或稱「操車」。在車站或機廠等，透過連接、解連、移動等進行列車的編組。

營業係數

用於表示為了獲得100圓營業收入，必須花費多少費用的指標。若低於100的話代表有盈餘，100以上的話會出現虧損。

總括控制

由1名駕駛員操作1台主控制器，藉此控制多節動力車的方式。使用於機車頭的重聯運轉等。

藍緞帶獎、桂冠獎

從該年開始商業運轉的新型車輛及改造車輛中選出優秀車輛，頒發給鐵路公司及車輛製造商的獎項。自1958年起，由鐵道愛好者團體「鐵道友之會」每年進行選評。「最優秀車輛」頒發藍緞帶獎，「優秀車輛」頒發桂冠獎。

架懸式驅動

電車等的傳動方式之一，將馬達固定於簧上，透過萬向接頭驅動車軸。與過去的軸懸式驅動相比，簧下重量較輕，行駛較為穩定，並能減少噪音。

界磁添加勵磁控制

速度控制方式的一種。當減弱界磁（磁力線），馬達轉速會上升；增強界磁馬達轉速則會下降。這種方式利用了該特性，藉由變化界磁電流的大小、方向以控制速度。

皇室列車

天皇、皇后、上皇、上皇后因公務等而乘坐的特別列車。行駛時會嚴加戒備，時刻表不對外公開。

軌距

指的是鐵軌的間距。JR在來線及私鐵大多使用1067mm的「窄軌」，新幹線等則使用1435mm的「標準軌」。軌距寬的話，工程費用較高，但較適合高速行駛，過彎時的穩定度也比較好。

逆變器

將直流電轉換為交流電的裝置。近年來許多電車都採用交流馬達，不過東京及其周邊、關西地區等地的電氣化仍以直流方式為主，因此必須透過逆變器轉換為交流電。

動拖比

電車的編組中有馬達的動力車（M車）與沒有馬達的無動力車（T車）的比例，也稱為MT比。10節的列車若有6節動力車與4節無動力車，會表示為「6M4T」。動拖比高的話動力較高，動拖比低的話則有助於降低成本。

控制裝置

車輛上向馬達或引擎發出指令，控制速度的設備。駕駛員在控制台操作的控制裝置稱為「主控制器」。

斬波器控制

高速切換電流開、關的同時，改變流往馬達的電流大小以控制速度。斬波器是因為能將電流「斬」開來而得名。由於能量損失少，斬波器控制過去曾備受矚目，但現在已被VVVF逆變器控制所取代。

由EF510型電力機車牽引的JR北海道
Kiha 261系的甲種運送。

從車輛符號到控制台的各部位

幫助你迅速上手的鐵道基礎知識

車輛符號是讓人辨別車輛種類的依據，
認識這些鐵道基礎知識能讓你看懂更多門道。

車輛符號與形式編號的規則

主要的車輛符號

車輛符號	車種	解說 ※符號命名由來說法不一
Ki	柴聯車	
Ku	控制車	有控制台的車輛 ※Ku代表日文的「連在一起走」
Mo	電動車	有馬達的車輛 ※Mo代表「馬達」
Sa	無動力車	沒有馬達、控制台的中間車廂 ※Sa代表日文的「夾在中間走」
KuMo	控制電動車	有控制台及馬達的車輛

車輛符號	車種	解說
I	最高級的旅客車廂	過去三等制中的頭等車
Ro	綠色車廂	過去三等制中的二等車，會加收特別費用
Ha	普通車	過去三等制中的三等車，不加收特別費用
RoNe	A臥鋪車	舊制臥鋪車的頭等車 ※Ne代表日文的「睡覺」
HaNe	B臥鋪車	舊制臥鋪車的二等車
Shi	餐車	有餐廳或自助式餐飲設備的車輛 ※Shi代表日文的「餐廳」
Yu	郵務車	運送郵件的車輛 ※Yu代表日文的「郵政」
Ni	行李車	運送旅客行李的車輛 ※Ni代表日文的「行李」
E	救援車	載運修復事故用器材的車輛 ※E代表日文的「救援」
Ya	職用車	自家公司業務用（事業用）車輛 ※Ya代表日文的「公務機關」
Ru	配給車	主要於車輛工廠及機廠間行駛
Te	展望車	
Fu	緩急車	有車掌室及制軔裝置的車輛 ※Fu代表日文的「制軔」

車輛符號	車種	解說
Ko	未滿22.5t	「Ko」代表日文的「小型」
Ho	22.5～27.5t	「Ho」代表日文的「轉向架」
Na	27.5～32.5t	「Na」代表日文的「一般」
O	32.5～37.5t	「O」代表日文的「大型」
Su	37.5～42.5t	「Su」代表日文的「很大」
Ma	42.5～47.5t	「Ma」代表日文的「非常大」
Ka	47.5t以上	「Ka」代表日文的「超出規格的大」

行駛於岡山～出雲市之間的381系特急「八雲」號。第一節車廂為「Kuha 381」，代表是有控制台的普通車。

觀光列車SL「山口」號的第1節車廂為「Orote 35」，代表是重量32.5～37.5t級，相當於綠色車廂的展望車。

蒸汽機車的形式

以「D51型」為例，「D」代表主動輪（連接活塞轉動的車輪）的軸數，對應英文字母的順序，「D」是第4個字母，由此可知軸數為4。「51」為形式編號，10～49是沒有煤水車的水櫃式機車，50起則是有煤水車的煤水車式機車。「D51 200」的銘牌代表該車是D51型蒸汽機車的第200號。

■ 水櫃式機車

鍋爐旁為水櫃，煤堆放在控制台後方。

■ 煤水車式機車

機車後方連接著堆放大量煤與水的煤水車。

柴聯車的形式（編號）

國鐵的10、20番台為單引擎的一般形或急行形，30番台為通勤形，40番台為單引擎的一般形，50番台為雙引擎的一般形或急行形，60～70番台為輸出增強車，110～150番台為一般車，80、180番台為特急車。

電車的形式（編號）

JR各公司（不包括JR四國）以3位數的百位表示電力種類，1～3為直流，4～6為交直流，7、8為交流。十位代表車輛用途，原則上0為通勤形（一部分為近郊形），1、2為近郊形，3為通勤形與近郊形，5～8為特急形與急行形。

一探究竟

控制台的各部位

下圖是行駛於JR山手線的E235系的控制台。主控制器的操控是運轉操作最核心的部分，前後移動把手可以進行加速、減速。控制台另外還有車速表、壓力表等各種儀表。壓力表會顯示制軔操作的參考壓力數值。開關的配置也經過特別設計，常用的開關位在駕駛員手邊，不常用的則位於上方或背後。

攝影／坪內政美

想成為行家就要搞懂這些差別

「系」與「形」

這兩個字是用來表示車輛形式，會接在數字後方，像是「Kiha 20系」、「Kiha 20型」等。各鐵路公司的定義可能會有所不同，但一般而言「系」是屬於同一系列的車輛群組；「形」則是構成系的小群組，指的是單一車種。

「交流電氣化」與「直流電氣化」

JR在來線在東京及其周邊、關西地區、中部、四國主要使用直流電，北海道及東北、北陸、九州主要使用交流電。交流電所需的變電所較直流電少，可以降低設備成本，但車輛的製造成本較高，因此行駛班次多的話會增加費用。

「實際里程」與「營業里程」

實際里程指的是實際距離，營業里程則是以實際里程為基礎，計算票價時為求簡便訂出來的。例如，東京～橫濱之間在來線與新幹線因路線不同，實際里程並不一樣，但為簡化票價計算，兩者的營業里程一致。

車輛檔案 1

小田急VSE（50000型）第一節車廂
展望席與關節式轉向架重現於純白浪漫特快

VSE（50000型）是為了讓浪漫特快原本的目標客群——前往箱根的觀光客享受舒適旅途所開發的。俐落簡約的外觀、寬敞的車廂及展望席等設計贏得了高人氣，因而成為小田急浪漫特快最受矚目的旗艦列車。2022年3月過後不再於定期班次行駛，並預計在2023年秋天退役。

嶄新的車輛設計帶來舒適車內空間與傑出行駛性能

小田急VSE（50000型）是2004年登場的浪漫特快專用車輛，為了活化箱根系統浪漫特快而開發、製造。從構想之初便以成為小田急電鐵的長期旗艦車輛為目標，聘用岡部憲明擔任設計師。

開發之時為滿足進一步提升行駛性能的需求，小田急投入了可減少過彎時減速幅度的車身傾斜控制（由空氣彈簧傾

VSE為英文「Vault Super Express」的縮寫，Vault的意思是「圓頂式天花板」。

VSE（50000型）在2006年獲鐵道愛好者團體「鐵道友之會」頒發「藍緞帶獎」。該獎項表彰對象為鐵道友之會評選出的前一年度優秀車輛。

斜車身）、能讓車輪方向配合彎道方向行駛的操舵轉向架等技術。車身及底架為鋁製雙皮層構造（車頭為單皮層），藉此做到車身輕量化。

第一節車廂採用了浪漫特快傳統的前方展望構造，位於展望席2樓的駕駛室小巧省空間，再加上將第一節車廂轉向架車輪直徑縮小等設計，最大程度確保了展望席周邊的視野。曲線與直線搭配成的外觀造型俐落簡約，車身包括側護板在內的部分為絲白色塗裝。

內裝設計則讓人聯想到飯店的酒吧，採用了可傾倒座椅、為空間製造出深度的天花板、呈現柔和氣氛的間接照明、充滿高級感的地毯及壁紙、播放各種搭乘相關資訊的大型顯示器等。

VSE（50000型）雖然僅製造了2組，但讓日本全國的鐵道業者及使用者留下了強烈印象，因而獲頒鐵道友之會的「藍緞帶獎」、日本設計振興會的「優良設計獎」等各種獎項。

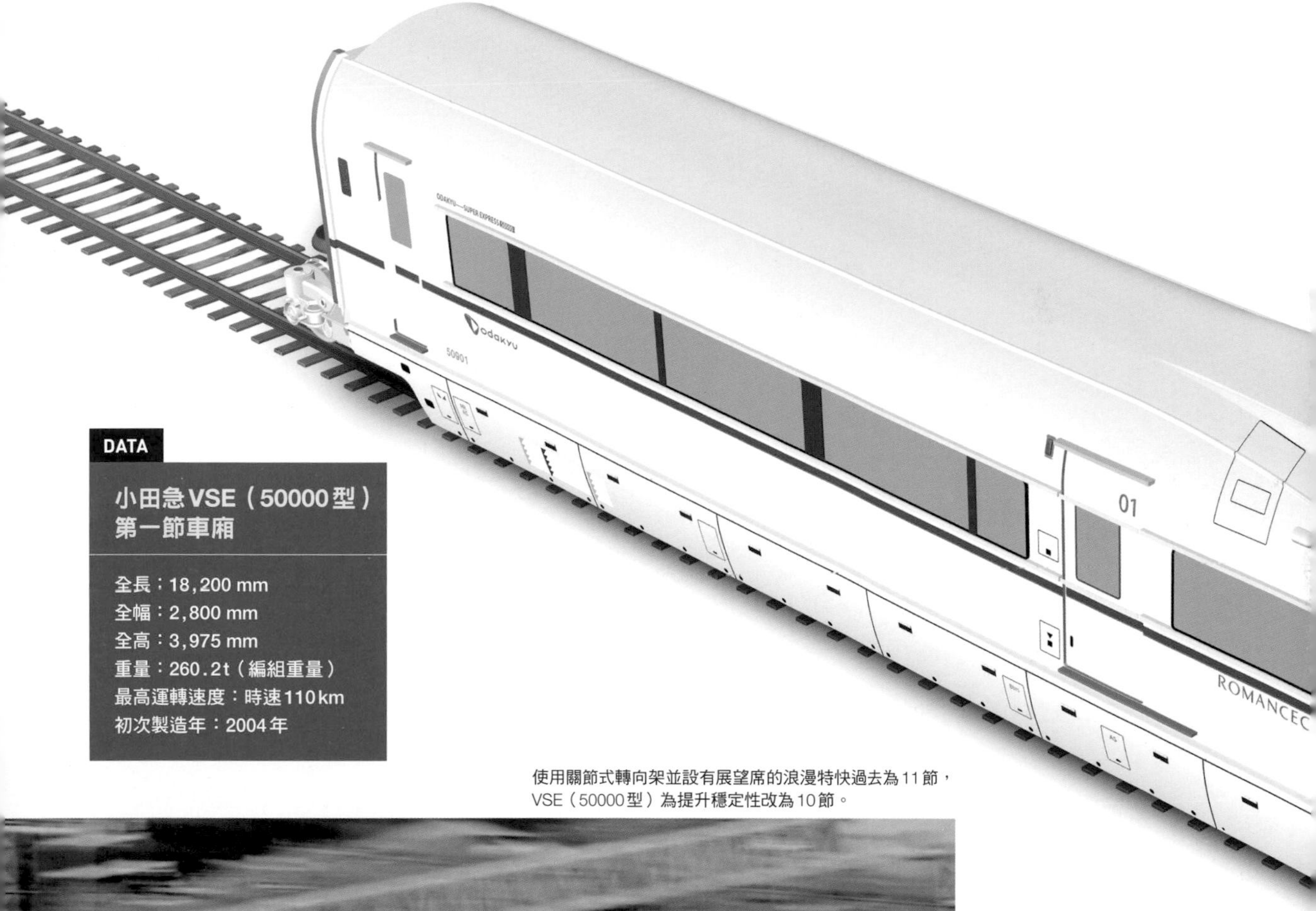

DATA

小田急VSE（50000型）
第一節車廂

全長：18,200 mm
全幅：2,800 mm
全高：3,975 mm
重量：260.2t（編組重量）
最高運轉速度：時速110km
初次製造年：2004年

使用關節式轉向架並設有展望席的浪漫特快過去為11節，VSE（50000型）為提升穩定性改為10節。

小田急VSE（50000型）第一節車廂

內部的祕密

Inside

小田急電鐵定位為新旗艦車輛，在2004年開發、製造的VSE（50000型）為兼顧優異的行駛性能及乘坐舒適性，在設計上進行了各種嘗試，付出極大心力。車身塗裝選用絲白色，讓岡部憲明設計的外觀及內裝完美融入沿途的優美景色。車身上並穿插了浪漫特快傳統的橙紅色與灰色線條做為點綴。

第一節車廂設置展望席、帶圓弧曲線的圓頂式天花板、間接照明、地板全數鋪設地毯、搭載椅面連動的可傾倒座椅等，車廂內也隨處可見顛覆既有鐵道車輛常識的設計、技術、架構。

展望席

採前方展望構造的座位，共16席。座椅間距為1,150mm，是VSE編組中最寬敞的設定。前方3列座椅可90度旋轉，當作半包廂式座位使用。

攝影／伊藤岳志

車頭造型

車頭部分為3次元曲線構成的流線形，展現出有別於過去LSE、HiSE等車輛的新形象。

前照燈

前照燈使用的是高亮度的氙氣放電頭燈（HID）。使用高亮度照明不僅提升了駕駛室的能見度，也有助於確保雨天、起霧時的安全性。

側護板

VSE所有車廂皆裝有側護板，以降低噪音。與車身同樣採白色塗裝。

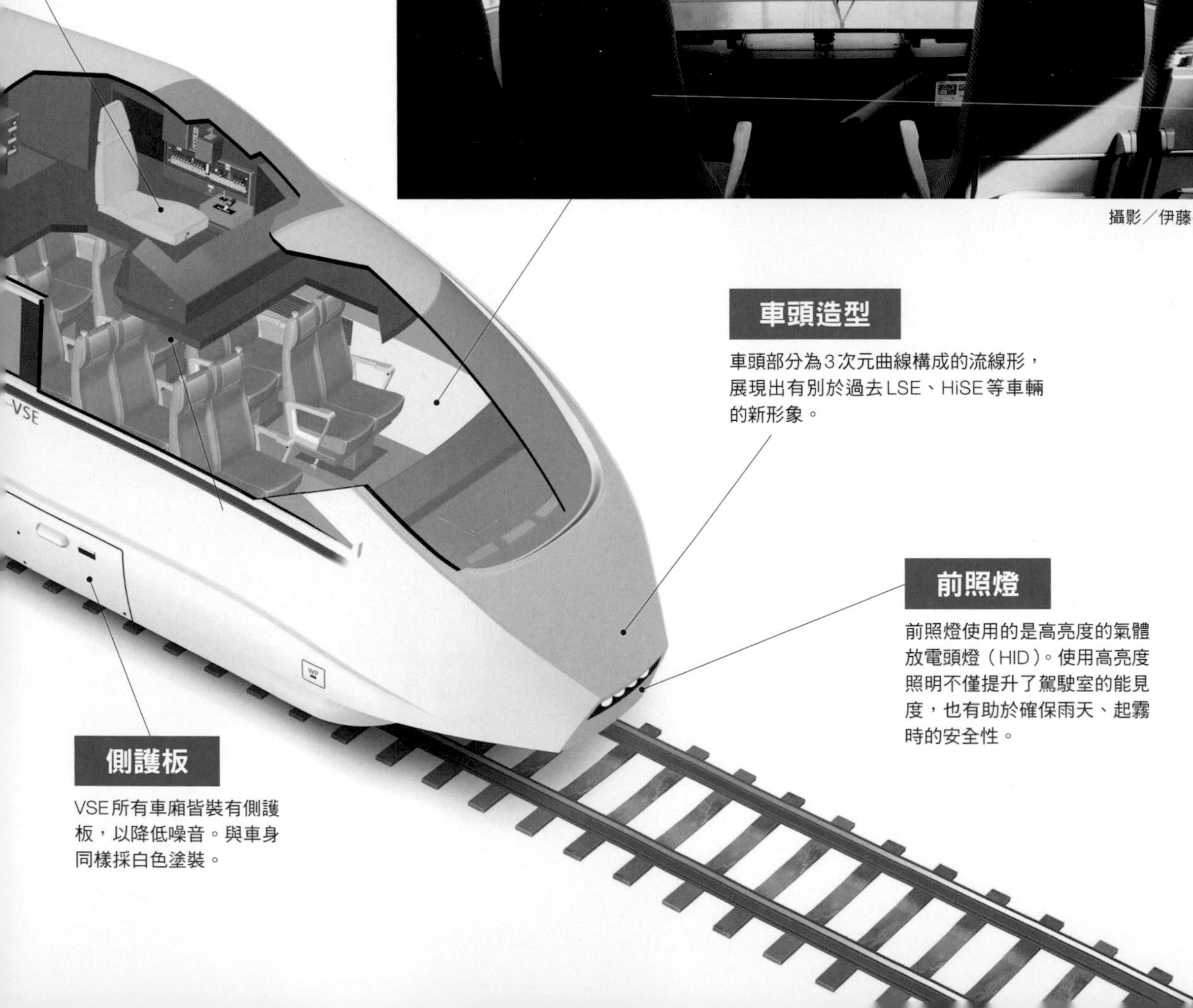

沿襲了前方展望與關節式轉向架等浪漫特快傳統的特色

控制台後方設有伸縮梯。駕駛員以專用鑰匙開鎖後可操作開關從梯子走下。

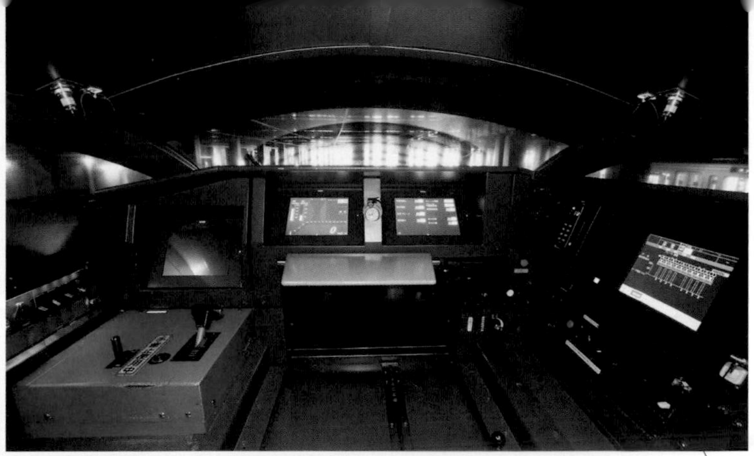

攝影／伊藤岳志

控制台

為了設置展望席，小田急自10000型「HiSE」後睽違18年再度採用駕駛室位於2樓的構造。各種儀器設備集中於此，以確保1樓展望席的空間。本形式的駕駛員穿著的是專用制服。

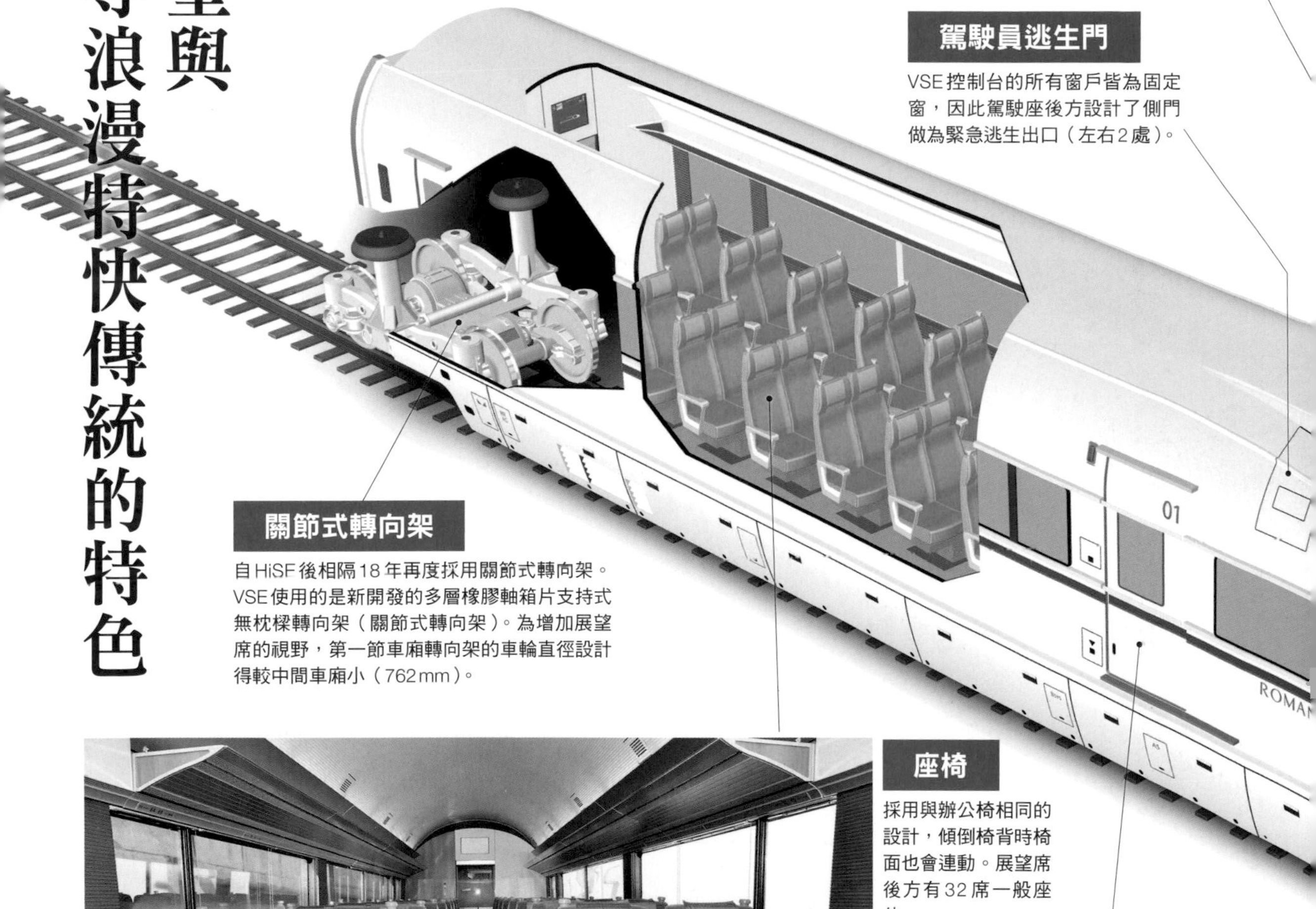

駕駛員逃生門

VSE控制台的所有窗戶皆為固定窗，因此駕駛座後方設計了側門做為緊急逃生出口（左右2處）。

關節式轉向架

自HiSE後相隔18年再度採用關節式轉向架。VSE使用的是新開發的多層橡膠軸箱片支持式無枕樑轉向架（關節式轉向架）。為增加展望席的視野，第一節車廂轉向架的車輪直徑設計得較中間車廂小（762mm）。

座椅

採用與辦公椅相同的設計，傾倒椅背時椅面也會連動。展望席後方有32席一般座位。

內嵌式門

車身側面裝有滑軌，往外側滑動開啟。VSE所有車廂皆採用空氣驅動的單片內嵌式門。

小田急VSE（50000型）中間車廂
第3、8節車廂吧檯區為乘客提供各種車內服務

浪漫特快在戰後推出了被稱為「移動咖啡廳」的椅邊服務，服務人員會來到座位旁替乘客點餐。這項服務在1990年代曾一度廢止，後來在VSE（50000型）重新復活，第3、8節車廂的吧檯區便是提供各項服務的中樞。但椅邊服務在2016年再度廢止，浪漫特快的推車販賣服務也在2021年告終。

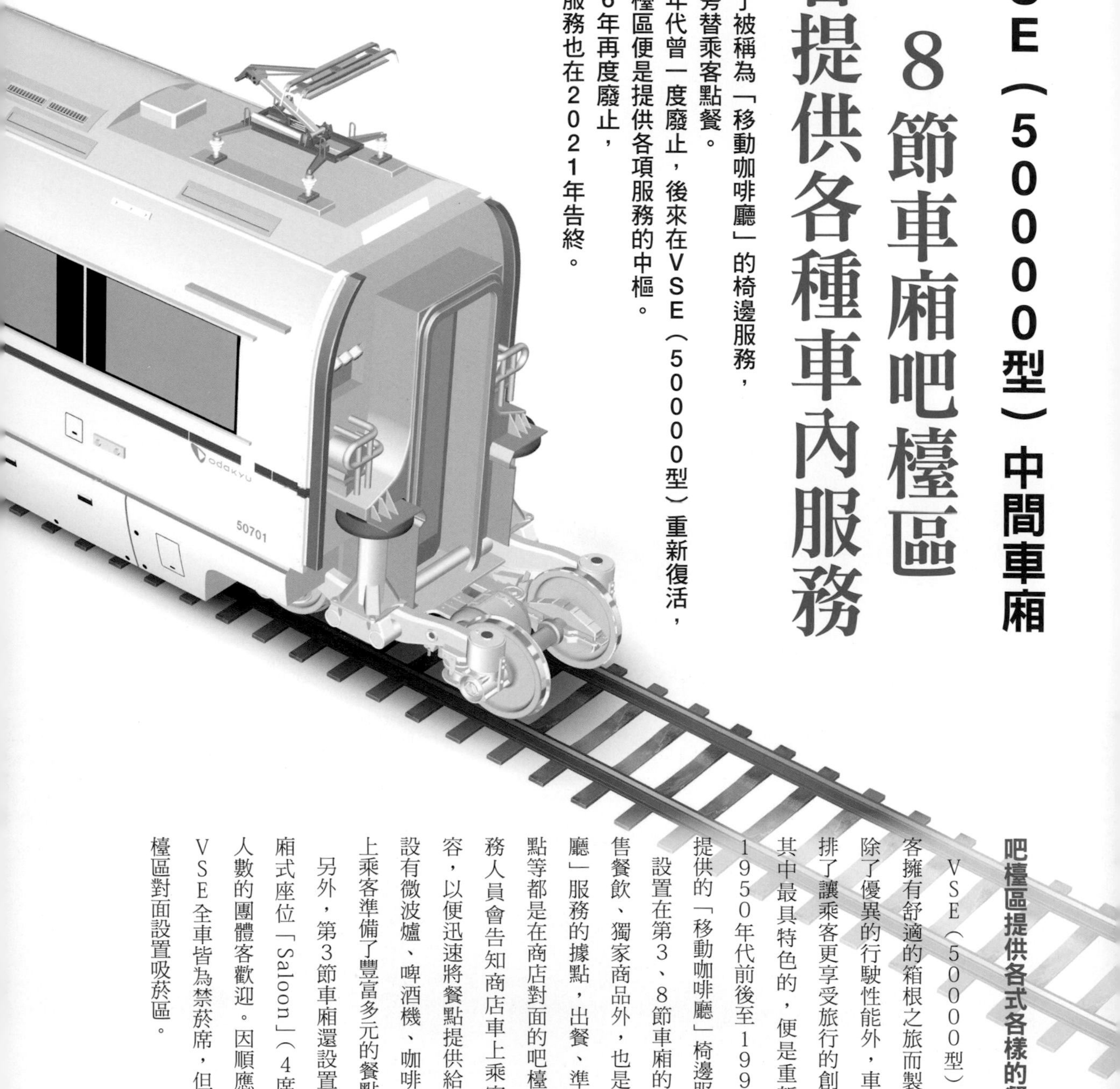

吧檯區提供各式各樣的餐飲

VSE（50000型）是為了讓乘客擁有舒適的箱根之旅而製造、開發，除了優異的行駛性能外，車上各處都安排了讓乘客更享受旅行的創意、設計。其中最具特色的，便是重新推出曾於1950年代前後至1990年代前後提供的「移動咖啡廳」椅邊服務。

設置在第3、8節車廂的商店除了販售餐飲、獨家商品外，也是「移動咖啡廳」服務的據點，出餐、準備乘客的餐點等都是在商店對面的吧檯區進行。服務人員會告知商店車上乘客的點餐內容，以便迅速將餐點提供給乘客。商店設有微波爐、啤酒機、咖啡機等，為車上乘客準備了豐富多元的餐點。

另外，第3節車廂還設置了3組半包廂式座位「Saloon」（4席），很受少人數的團體客歡迎。因順應時代潮流，VSE全車皆為禁菸席，但過去曾在吧檯區對面設置吸菸區。

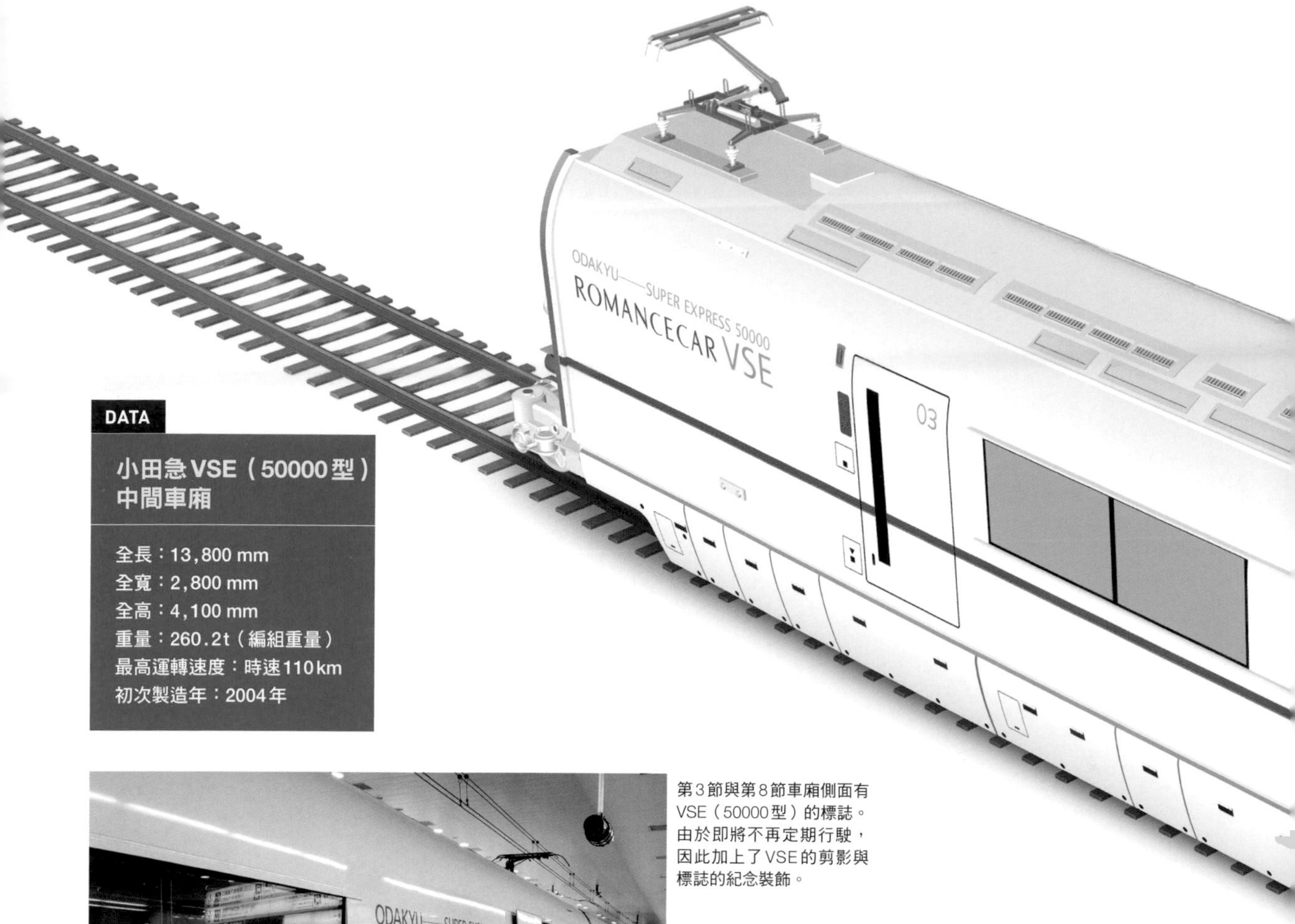

DATA

小田急VSE（50000型）中間車廂

全長：13,800 mm
全寬：2,800 mm
全高：4,100 mm
重量：260.2t（編組重量）
最高運轉速度：時速110km
初次製造年：2004年

第3節與第8節車廂側面有VSE（50000型）的標誌。由於即將不再定期行駛，因此加上了VSE的剪影與標誌的紀念裝飾。

行駛在澀澤～新松戸間的川音川橋梁上的VSE（50000型）。天氣好的時候可以從展望席看到富士山。

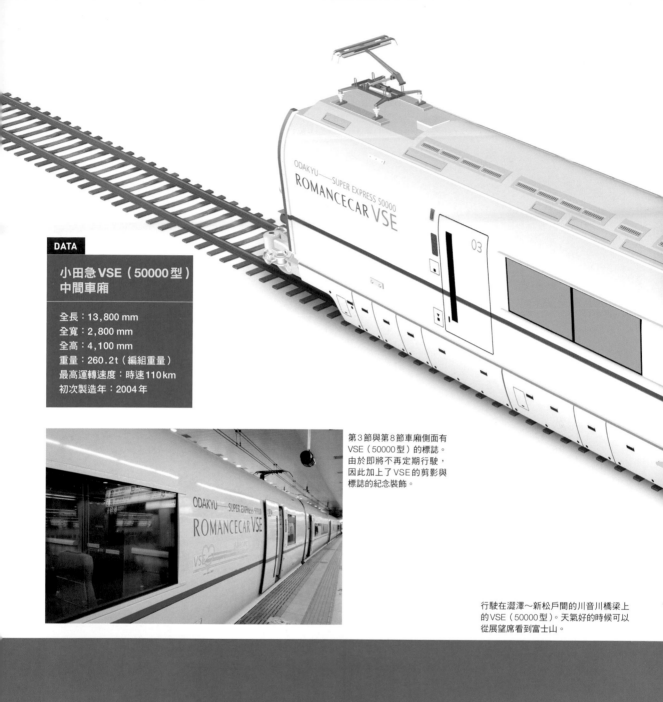

小田急VSE（50000型）中間車廂

內部的祕密

Inside

VSE（50000型）使用了當時最尖端的技術，另一方面也重新審視浪漫特快所建立的傳統，在車輛架構、設計、各種服務等方面回歸原點。由乘務員將餐點送至乘客座位的「移動咖啡廳」服務便是其中之一，設置在第3與第8節車廂的商店則是這項服務的重要據點。

商店周邊設置吧檯區及吸菸區等，並有資訊顯示器、無障礙廁所等設備，提供多樣化的服務以滿足各種需求。而且第3節車廂還設有私鐵特急列車罕見的4人用半包廂式座位「Saloon」，更加突顯VSE的特色。

天窗

由於要裝設機器，第3節與第8節車廂地板至天花板的高度為2210mm，也未採用圓頂式天花板。乘客座位區因此設計了天窗以營造開闊感。

關節式轉向架

中間車廂的車輪直徑為860mm，各轉向架裝有轉向架操舵控制用的阻尼器，以確保行駛順暢。

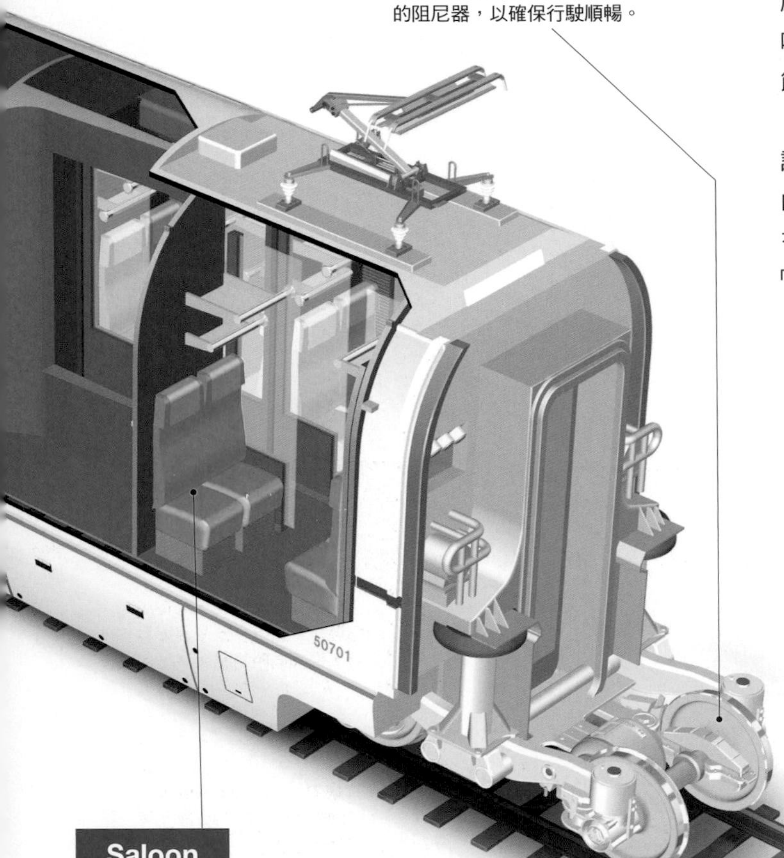

為了減少過彎時的減速幅度，所有轉向架都裝有控制車身傾斜用的致動器。如此一來，行駛時最多可使車身傾斜2度。另外，空氣彈簧則具有減少車身搖晃的避震作用。

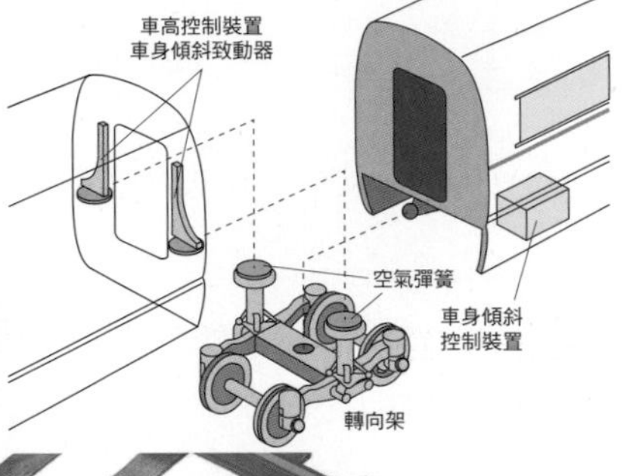

Saloon

考量到了團體乘客的使用，第3節車廂設置了4人用半包廂式座位「Saloon」（靠海側2組，靠山側1組，共3組），中央部分設有折疊桌。

VSE的標誌

出於VSE設計者岡部憲明的想法，第3節車廂側面加上了VSE的專屬標誌。列車停靠月台時這裡是熱門的拍照點。

商店

VSE延續RSE的設計，車上設有商店。為供應各式餐點，商店內有咖啡機、微波爐、啤酒機等設備，並販售便當及獨家商品。

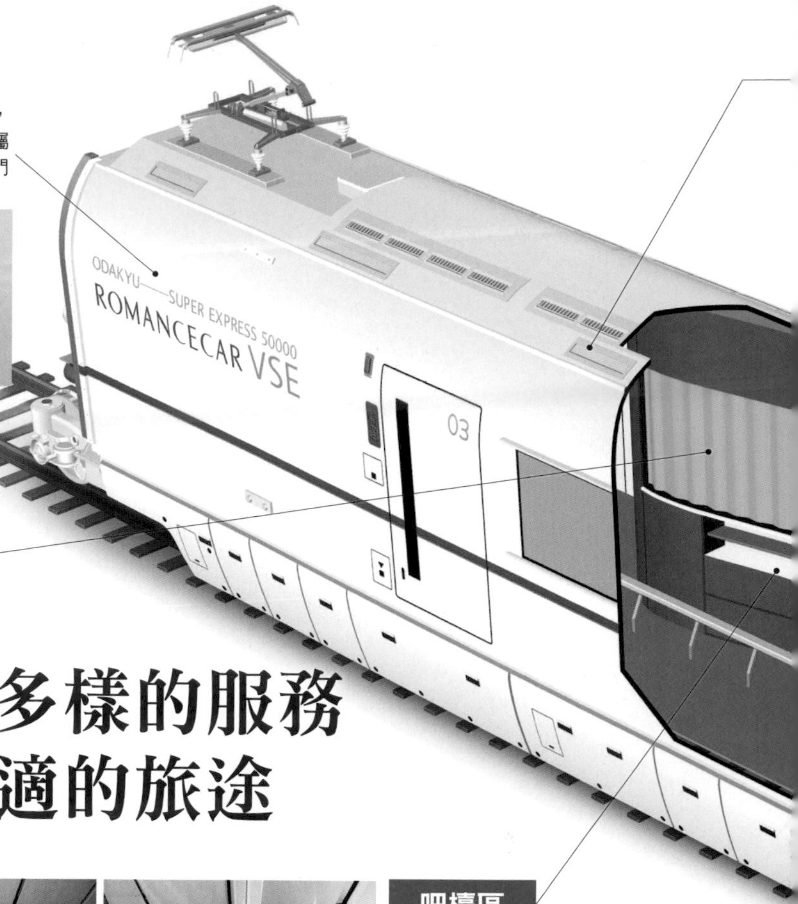

車內提供豐富多樣的服務 為乘客帶來舒適的旅途

第3與第8節車廂的車門設計得較寬，內側並裝有提供各種導覽資訊的觸控螢幕，乘客可在此取得自己想要的觀光情報。

吧檯區

商店對面設置了供乘客自由使用的吧檯區，可直接在此享用購買的餐點，這裡同時也是「移動咖啡廳」的服務據點（出餐、準備）。另外，小田急當時也在VSE率先推動所有座位皆為禁菸席的措施，並於第3與第8節車廂設置吸菸區供癮君子使用。2007年時因禁止車內吸菸的規定而廢除了吸菸區。

關節式轉向架

「關節式轉向架」設置在車廂與車廂之間。一般車輛的轉向架是位於車廂兩端，車廂與車廂以連結器連接，關節式轉向架則是由轉向架連接車廂，可減少車身晃動，乘坐起來較為舒適。

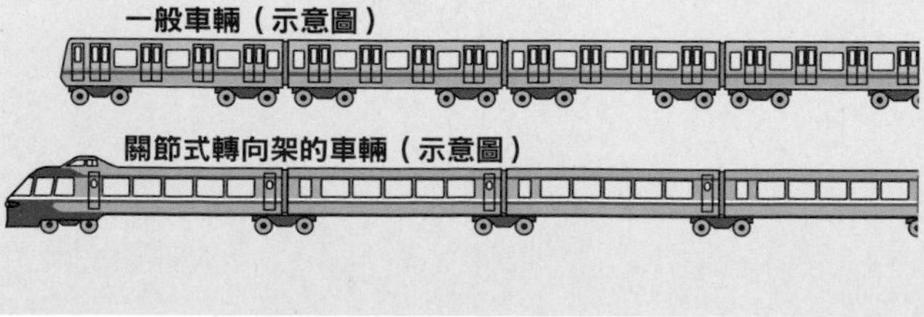

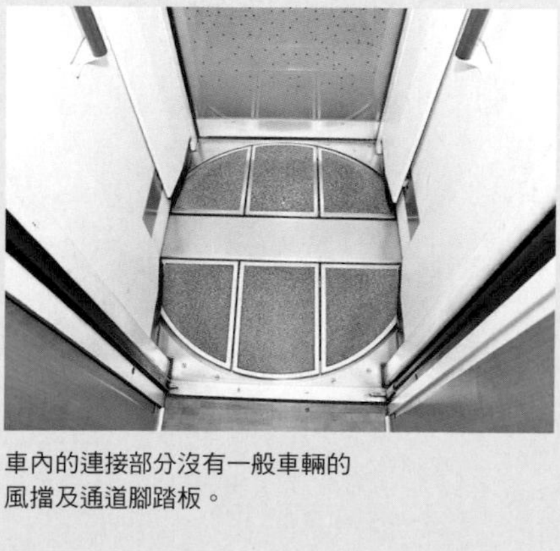

車內的連接部分沒有一般車輛的風擋及通道腳踏板。

小田急浪漫特快

歷代車輛檔案

「浪漫特快」是小田急電鐵的招牌車輛，自1957年SE（3000型）登場以來，曾有各式各樣的浪漫特快相繼問世，載運了無數旅客，以下將一一介紹歷代的浪漫特快。

LSE（7000型）

1980～2018年

自動旋轉的可傾倒座椅引發熱烈討論

為汰換日益老舊的SE（3000型）所製造，LSE為「Luxury Super Express」的縮寫。除了前方展望室，還採用了氣壓自動旋轉的可傾倒座椅，可說是劃時代創舉，因而蔚為話題。

SE（3000型）

1957～1992年

流線型車身堪稱劃時代的設計

以新宿～小田原間車程縮短至60分鐘為目標所開發的高性能特急車輛，SE為「Super Express」的縮寫。採用流線型車身，於國鐵線路試運轉時創下時速145km的紀錄。明亮的車身色彩引發了熱烈討論，該車輛的技術也帶給日本鐵道界重大影響。

HiSE（10000型）

1987～2012年

地板拉高的設計更加提升視野

HiSE代表的是「High Super Express」，High包括了高地板構造、高級、高水準等各種涵義。車頭部分為展望室，中間車廂也設計了大窗戶、加高的地板，帶給乘客更良好的視野。

NSE（3100型）

1963～2000年

前方展望席為浪漫特快的人氣奠定基礎

NSE為「New Super Express」的縮寫，是由於SE（3000型）廣受好評，為因應浪漫特快增班而開發的車輛。駕駛室移往2樓，並將展望室的座位區擴大到車頭。後來其中一列編組改裝成為特別活動用車輛「夢想70」。

RSE（20000型）

1991～2012年

為因應行駛御殿場線部分車廂為2層結構

RSE（20000型）是為了駛入JR御殿場線而新生產的車輛。雖然沒有前方展望室，但考量到新宿～沼津間的長途行駛，座位空間設計得較為寬敞。7節車廂編組的第3與第4節車廂採用了小田急線首見的2層構造，2樓是擁有與JR綠色車廂同等配備的特別座「Super seat」。

MSE（60000型）

2008年～

行駛於地下鐵路線的浪漫特快

浪漫特快也會駛入東京Metro千代田線，行駛於地下鐵路線。「MSE」是「Multi Super Express」的縮寫，平日為通勤特急，假日為觀光特急，因此有了「Multi」的暱稱。車身以藍色為基調，帶有橙紅色線條，於地下鐵路線行駛時也能展現出朝氣。

第一節車廂有流線型與平面2種設計，無展望室，前方設有緊急逃生出口。座位使用2人座可傾倒座椅，車廂天花板為圓頂式。

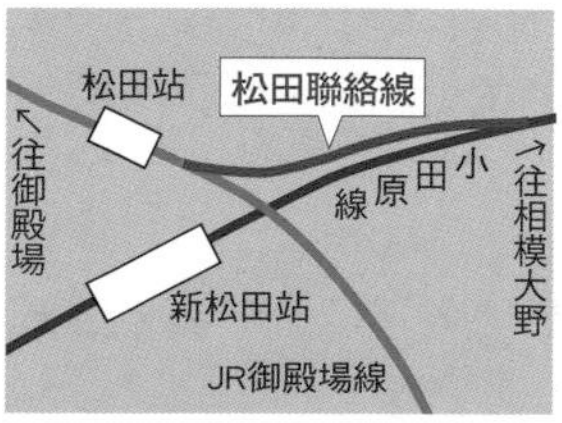

60000型「MSE」會從靠近小田原線新松田站的松田聯絡線駛入JR御殿場線。

EXE、EXEα（30000型）

1996年(EXE)～／2017年(EXEα)～

增加座位數以載運更多通勤旅客

第6代浪漫特快EXE（30000型）的名稱是由「Excellent Express」而來，採可分離的10節編組，沒有展望室，有意透過增加座位數提升通勤及商務旅客的搭乘。車身為獨特的古銅色，色調會隨光線的照射及觀看角度而有所不同。

「EXEα」則是EXE增添新元素翻修而成的車輛，明亮的車廂環境、寬敞的可傾倒座椅、木紋風餐桌等設計令乘坐更為舒適。

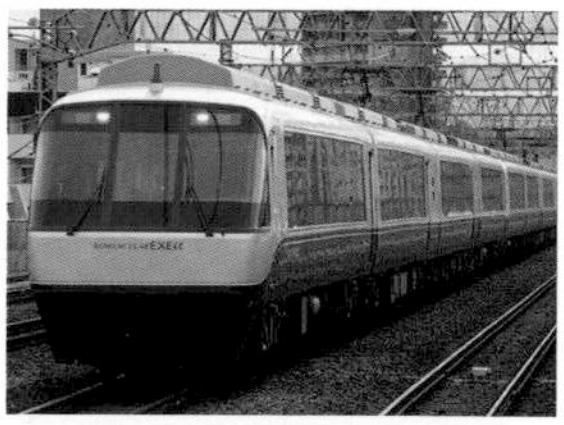

「EXEα」在銀色與金屬色上加入了浪漫特快傳統的橙紅色線條。

GSE（70000型）

2018年～

車身顏色為以玫瑰花為基調的玫瑰朱紅色，側面加上了浪漫特快傳統的橙紅色線條做裝飾。

第一節車廂。大片的窗戶加上座位上方無行李架的設計，更顯寬敞。

提供絕佳賞景體驗的最新車輛

GSE（70000型）是小田急電鐵自MSE（60000型）後睽違10年推出的新型浪漫特快，GSE是由「Graceful Super Express」而來，「Graceful」則為「優雅」之意。

這款新車最大的特色在於展望席，前方車窗使用大型的單片玻璃，帶來震撼的視覺體驗。車身側面的窗戶也有1公尺高，並使用盡可能減少接縫的連續窗，讓任何位置的座位都能透過車窗賞景。另外並設計了能收納大型行李的空間，座位下方也有可以放置行李的空間。

GSE（70000型）的展望席及充滿設計感的時尚車身深受好評，因而在2018年度獲頒優良設計獎金獎，2019年獲頒藍緞帶獎。

第一節車廂有16席展望席，可欣賞震撼力十足的前方展望景色。

\ 迎來耀眼第二春！ /

小田急浪漫特快的退役車輛

有些浪漫特快的車輛在退役後被出售給其他鐵道公司，
持續在其他舞台發光發熱。

大井川鐵道3000系（初代）

1983～1992年

以浪漫急行「大井川」號之名行駛

自小田急電鐵退役的SE（3000型）在1983年轉讓給了大井川鐵道，在該公司以浪漫急行「大井川」號之名投入服務，但吸引旅客搭乘的效果不如預期，後來在1992年退役。

圖片提供／大井川鐵道

富士急行8000系

2014年～

畫上了富士山造型吉祥物的人氣車輛

2014年RSE（20000型）退役後，小田急將其中3節轉讓給了富士急行，整體外型並沒有做更動，不過車身畫上了在「富士山特急吉祥物選舉」中獲得高票的富士山造型吉祥物及公開徵選的吉祥物角色。

長野電鐵1000系

2006年～

展望室為觀光列車「湯煙」號帶來迷人魅力

長野電鐵在2005年自小田急電鐵取得HiSE（10000型），編為長野電鐵1000系觀光列車「湯煙」號，以4節編組於2006年投入行駛。僅需支付特急費用，便能欣賞到前方展望室等「HiSE」的絕佳視野帶來的美景。

DD51型柴油機車（北斗星色）

曾牽引知名列車奔馳 日本國產柴油機車的頂點

為了達成自行開發正統柴油機車的目標，日本在正處於高度經濟成長期的1962年時開始製造DD51型柴油機車，之後大量使用於未電氣化的地方幹線等鐵道。DD51型的車身標準色為紅色，但隸屬JR北海道的車輛為配合行駛於上野~札幌間的寢台特急「北斗星」號客車（藍色列車），漆成了鮮豔的藍色，展現出其非同凡響的獨特風格。

牽引寢台特急「北斗星」號時正面會掛上專屬車頭銘牌。

牽引藍色列車 活躍於北海道的北方大地

在日本的經濟成長期支撐起物流重任的DD51型曾是幹線用柴油機車（DL）的基準。DD51型自1962年至78年共生產了649輛，在日遍地開花。

1950年代時，牽引客車的C62型、牽引貨車的D51型等蒸汽機車（SL）仍活躍於第一線，但SL的能源效率差，並有排煙的問題，因此產生無煙化、現代化的需求。為了取代SL，日本於是進行大型DL的開發，這便是DD51型誕生的緣由。

但當時日本的能力不足以製造配備大型、高性能柴油機的DL。由於太平洋戰爭期間缺乏石油資源，不得不中斷DL的開發。而外國一流製造商合作價格高昂，且難以變更為適合國內使用的獨特規格，因而將眼光放遠，以純國產、量產為前提進行開發。

歷經1962年完成的1號車等試作後，1964年開始量產。DD51型成為達成無煙化的功臣，牽引了貨車、客

為行駛於冬天的北海道，DD51型裝上了耐雪軔機、除雪排障器、旋轉窗等，改裝為防寒規格。

行駛於函館～札幌間的寢台特急皆是以DD51型重聯運轉。

車從北海道到九州，奔馳於全日本。國鐵民營化改組為ＪＲ時，ＪＲ四國以外的公司繼承了尚存的259輛。

在標準色為橘色的ＤＤ51型牽引過的眾名流中，行駛於東京～札幌的寢台特急「北斗星」號——「藍色列車」對鐵道迷而言無可取代，因此隸屬於ＪＲ北海道的15輛全都使用特別的鮮豔藍色底、金色線條的「北斗星色」，完美融進北海道風景。它也曾牽引過寢台特急「曙光特快」號（大阪～札幌）、急行「玫瑰」號（青森～札幌），但因各地相繼停駛，ＪＲ北海道的ＤＤ51型也在２０１６年退役。

隨著全國陸續退役，２０２１年ＪＲ貨物結束定期行駛後僅ＪＲ東日本、ＪＲ西日本留有少數的ＤＤ51型。

DATA

DD51型
柴油機車
（北斗星色）

全長：18,000mm
全寬：2,951mm
全高：3,956mm
重量：84.0t
最高運轉速度：時速95km
初次製造年：1966年

DD51型柴油機（北斗星色）

Inside

內部的祕密 ❶

採用駕駛座位於中央的「中央駕駛座」設計，前後各有一具大型引擎，從側面看就像是「凸」字型。當時流行「幹線用柴油機車要設計成箱型」的思維，因此有人認為這樣的造型有如調車用機車，但中央駕駛座設計前後視野開闊，而且方便保養、維修，擁有出色的機能性。該造型是出自於當時的國鐵技師近藤恭三的構想。

傳動方式則採「液力傳動」，透過液力變矩器（Torque-converter）將柴油引擎的旋轉傳至車軸。過去DF50型等柴油機車為「電力傳動」，是以柴油引擎發電產生的電力轉動馬達以獲得動力，但重量重，而且DF50型時常故障。考量到除了末端支線以外在各地的行駛，為減輕對鐵軌造成的負擔，輕量化也是重要的課題。

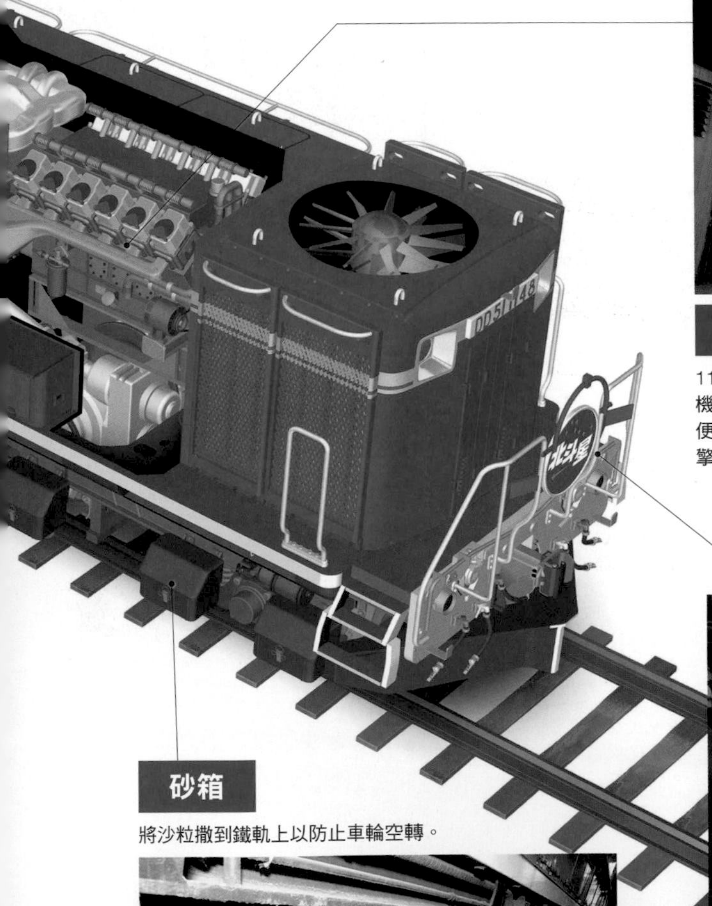

柴油引擎

1100匹馬力的V型12汽缸引擎。全長達2.7m的機械室設計成像是在引擎上蓋了一個蓋子般，方便進行保養、維修等作業。為維持重量平衡，引擎必須前後各裝一具。

砂箱

將沙粒撒到鐵軌上以防止車輪空轉。

前方

隸屬於JR北海道的DD51型有一項特色，便是車頭的欄杆有裝設大型銘牌用的支架。散熱器風扇側面護罩設計成2片。

駕駛座位在中央的凸型設計可說是劃時代創舉

散熱器風扇

送入空氣替引擎的冷卻水降溫。

蒸氣產生裝置

用於製造蒸氣送往客車當暖氣使用。客車有了使用電力的暖氣設備後，蒸氣產生裝置便逐漸派不上用場。

旋轉窗

為了行駛於寒冷地區所設置，能高速旋轉以甩去附著於表面的水滴、雪等，藉此確保視野。

排氣煙囱

控制台

設置於前後2處。凸型設計的調車用機車的控制台通常是朝向側面，DD51型則是朝向前進方向。

油箱

搭載4個容量750公升的油箱。裝有柴油做為柴油引擎及蒸氣產生裝置的動力來源。

液力變矩器

2輛DD51型在泰國迎來「第二春」

寢台特急「北斗星」號在2015年結束定期行駛，急行「玫瑰」號也在2016年停駛，JR北海道於是將DD51型全數除役。其中2輛後來轉讓給了泰國國家鐵路局，負責牽引載運道碴的貨車等。泰國的軌距為1000mm，有別於日本的1067mm，因此進行了改裝。

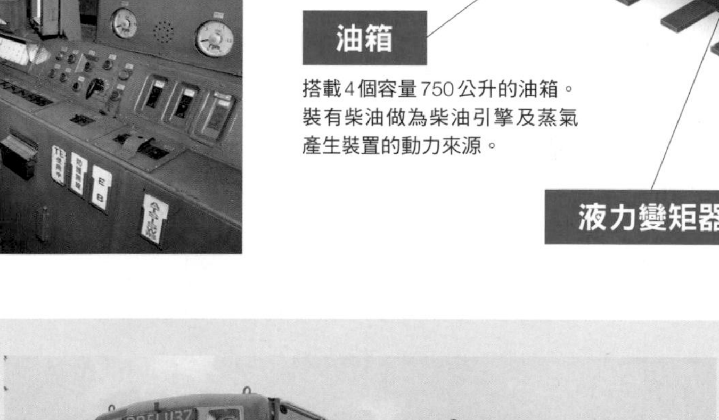

由於保存狀態良好，日本的柴油機車在海外也很有市場。

Inside

內部的祕密 ❷

DD51型採用以3組雙軸轉向架支撐車身的構造，兩端轉向架是配備驅動裝置的有動力轉向架，中間轉向架為無動力轉向架。由於有中間轉向架，得以分散車輛重量的負荷，將軸重※壓低在14噸左右，因此可以駛入準幹線等級的軌道。相較於傳統6軸機車常見的2組轉向架採「C-C」或「A1A-A1A」配置，這種「B-2-B」的軸配置軸間距離較短，並能提升彎道的行駛性能。

DD51型的中間轉向架搭載了空氣彈簧，調整空氣彈簧的氣壓，便能選擇切換有動力轉向架的軸重為14噸或15噸。由於在以高馬力進行牽引等狀況下會希望確保黏著力（摩擦力），因此DD51型設計成能夠因應各種不同用途。

※軸重是指1根車軸施加給鐵軌的負重。每條路線有各自的軸重限制。

軸配置的標示方法

機車的性能與有驅動裝置的「主動輪」、無動力的「從動輪」兩者如何配置有很大關係。左右兩邊的車輪是以車軸相連，因此這兩者的配置稱為「軸配置」。

DD51型的軸配置是「B-2-B」。主動輪的軸數以英文字母的順序，從動輪的軸數以數字表示；主動輪的軸數為2所以是「B」，從動輪的軸數為2因此標示為「2」。

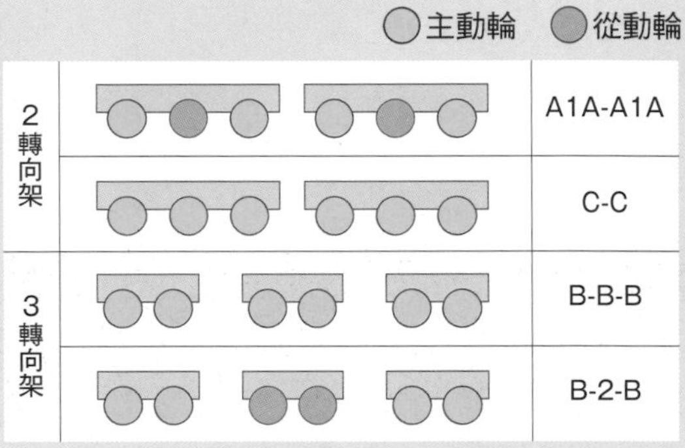

柴油機車的各種軸配置。

柴油引擎

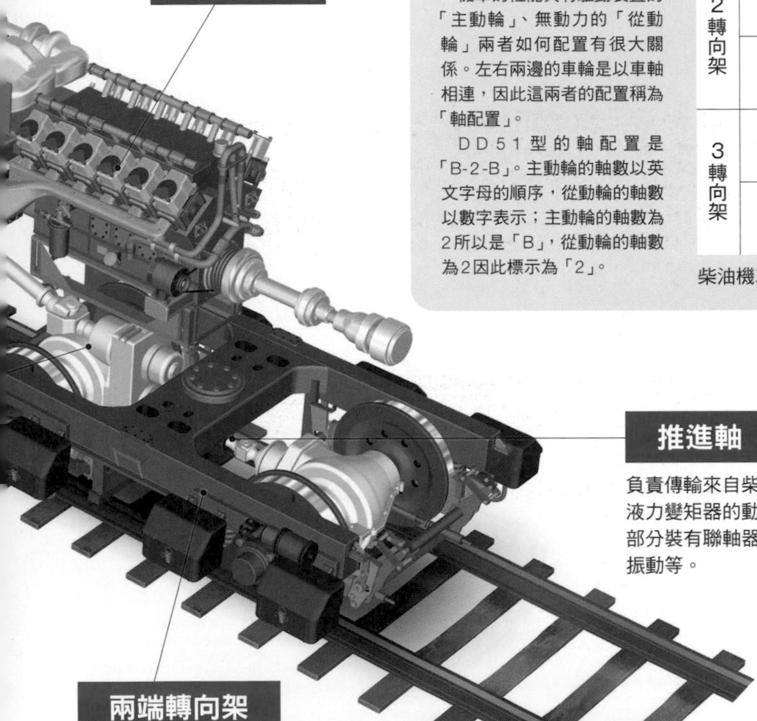

推進軸

負責傳輸來自柴油引擎及液力變矩器的動力。連接部分裝有聯軸器，可吸收振動等。

兩端轉向架

採用DT113B形動力轉向架。基礎為DD13型柴油機車使用的DT113型轉向架。

推進軸連接了2台減速機。

加上中間轉向架後 有3組轉向架可分散重量

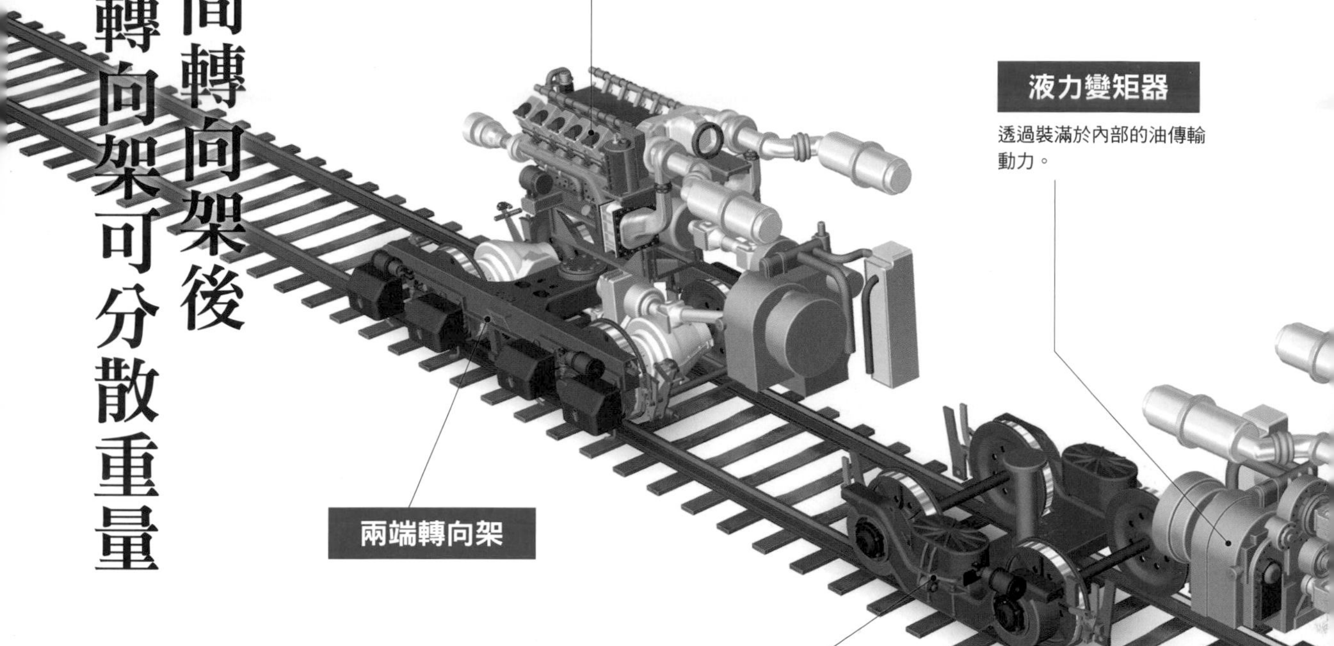

液力變矩器運作機制

液力變矩器正如同其名稱，內部裝滿了黏稠的油。當與柴油引擎連接的葉輪轉動，透過此處的油，與主動輪連接的渦輪葉輪也會轉動，就和風車被風吹時會轉動的原理一樣，以此方式傳輸引擎的動力。開發DD51型時，世界上很少有能夠轉換1100匹馬力巨大動力的大型液力變矩器，因此是在經歷了一連串挫折後才成功實用化。

柴油引擎產生的旋轉力會改變轉速，並透過推進軸傳至液力變矩器。來自液力變矩器的動力在推進軸經減速機傳至主動輪，使主動輪轉動。

再會了DD 51！

與貨物列車正式告別

2021年3月進行改點後，JR貨物愛知機關區的DD 51型全都不再繼續服役，交棒給了DF 200型，JR貨物的DD 51型自此全數退役。以下就來回顧DD 51型昔日的身影。

攝影・文／松尾 諭

以「推拉」運轉翻山越嶺

在北海道道東地區紅葉季節的冰天雪地之中，長長的貨物列車正要挑戰石北本線的一大難關──翻越常紋山口。這是行駛於北旭川～北見之間的臨時貨物列車，由隸屬JR貨物鷲別機關區的DD 51型牽引，以列車頭尾皆連接了DD 51型的「推拉」方式運送貨櫃。JR貨物五稜郭機關區的DF 200型目前也仍以推拉的方式行駛。

常紋山口在紅葉高峰期已是白雪皚皚。2輛DD 51型的引擎發出怒吼聲，在險峻的連續彎道上賣力行駛。生田原～金華間，2013年10月。

「岡見貨物」的DD 51型重聯運轉

「岡見貨物」是行駛於美禰線的美禰（山口縣美禰市）與山陰本線的岡見（島根縣濱田市）間的貨物列車之暱稱。列車於美禰市的宇部興產伊佐水泥工廠與濱田市的中國電力三隅火力發電廠之間往來，運送碳酸鈣及飛灰（煤灰）。隸屬JR貨物門司機關區的DD 51型是採重聯運轉，但2013年7月大雨成災導致山口線中斷後，實際上已是停駛狀態。

岡見貨物行駛於風光明媚的山陰本線。原色的DD 51型以重聯運轉牽引專用槽車。鎌手～岡見間，2013年5月。

隸屬JR貨物愛知機關區的DD51型1804號車所牽引的臨時貨物列車，一旁即是湛藍的日本海。小田～田儀間，2018年9月。

山陽本線中斷時奔馳於替代路線

2018年時被稱為「平成時代最嚴重水災」的西日本豪雨造成了山陽本線岡山、廣島一部分區間受災，再加上後續的潭美颱風影響，7～10月皆為中斷狀態。行駛於關東、關西與九州間的貨物列車因而繞開山陽本線，改走伯備線、山陰本線、山口線。

「異形式重聯」的最後一舞

JR貨物愛知機關區的DD51型在2021年3月自第一線退下。其生涯晚年曾與同一機關區的DF200型「異形式重聯」，吸引了鐵道迷關注。愛知機關區與稻澤機關區還體貼地在DD51型最後一次上路前裝上了惜別的車頭銘牌，隆重進行道別。列車前後兩端都裝有銘牌，並且樣式不同。

裝上「再會了DD51」的惜別銘牌，最後一次服勤的DD51型與DF200型的異形式重聯槽車列車。八田～春田間，2021年3月。

DD 51 型
現役車輛檔案

DD 51 型在國鐵時代生產了649輛，隸屬於JR貨物的車輛已經退役，僅剩下隸屬JR東日本的2輛與JR西日本的8輛。以下將介紹有如風中殘燭的DD 51 型的最新動態。

攝影・文／松尾 論

行駛於八高線的MaYa 50型建築界限測量車。842號車在前，與895號車一同以推拉方式運轉。折原～竹澤間，2018年3月。

895號車在最前方牽引乘務員訓練運轉用的舊型客車行駛於八高線。2017年1月，群馬藤岡～丹莊間。

JR東日本群馬車輛中心

DD51型842、895號車

變身為皇室列車樣式！

群馬車輛中心（2022年3月時由高崎車輛中心高崎支所改名而來）目前僅剩2輛DD51型。842號車被指定為皇室列車牽引機車，煙囪罩、欄杆、底架側面的飾條等皆換為不鏽鋼製。895號車則是皇室列車的備用車，欄杆及煙囪罩漆成銀色，外觀略有不同。過去曾當作運送道碴的工程用臨時列車，牽引「小野上工臨」的7節漏斗車行駛於高崎～小野上間至2021年。目前已不再用於工程用臨時列車，僅牽引行駛於信越本線的「DL群馬橫川」號。

JR西日本網干總合車輛所宮原支所

DD51型1109、1183、1191、1192、1193號車

活躍於工程用臨時列車、配給列車等各種用途

網干總合車輛所宮原支所是擁有最多DD51型的單位，共有5輛。無論電氣化或非電氣化區間，工作範圍遍及西日本地區各地，用於牽引工程用臨時列車、配給列車等，使用頻率相當高。過去也曾牽引宮原支所的12系客車及「沙龍車NANIWA」，但近年來已不常見。至於宮原調車場～網干間的「網干訓練」、宮原調車場～米原間的「米原訓練」等乘務員的訓練運轉仍時常見到DD51型的身影。為了行駛於京阪神近郊區間（都市網路），因此搭載了對應該地區的ATS-P（列車自動停止裝置）。

1192號車與1183號車重聯運轉，牽引駛往山陰方向的長軌運送列車。吹田貨物總站～尼崎間，2021年7月。

使用了曙光特快號用客車的「特別版曙光特快」號。在伯備線是由1186號車與1179號車重聯牽引。井倉～方谷間，2015年9月。

JR西日本後藤總合車輛所運用研修中心

DD51型1179、1186號車

過去曾負責牽引「出雲」號

後藤總合車輛所運用研修中心位在建有扇形車庫與調車轉盤的米子站，配置了2輛DD51型。寢台特急「出雲」號停駛後雖然不再定期行駛，但曾於2011年重聯牽引使用了「沙龍車NANIWA」的皇室列車。2015年～16年時則是期間限定以單輛（1186號車）及重聯牽引8節的「特別版曙光特快」號，行駛於伯備線及山陰本線。目前則以牽引工程用臨時列車為主，於山陰本線供乘務員訓練使用。

JR西日本下關總合車輛所運用研修中心

DD51型1043號車

代替蒸汽機車
負責「DL山口號」的行駛

1043號車隸屬於下關總合車輛所運用研修中心，曾在2021與22年代替蒸汽機車C57型1號車及D51型200號車牽引「SL山口號」。由於蒸汽機車檢查及維修的關係，1043號車裝上了一般版及季節限定的車頭銘牌牽引5節35系客車行駛於新山口～津和野間。另外，1043號車也會牽引35系客車或平車當作乘務員訓練列車於山口線行駛。

2021年時代替蒸汽機車行駛的「DL山口號」，裝有夏季版本的限定銘牌。津和野～船平山間，2021年7月。

柴油機車的歷史

從液力傳動時代走入電力傳動時代

日本開發柴油機車的歷史可追溯至戰前，戰後因「動力現代化計畫」終於取得成果，而後建立起了非電氣化區間幹線使用DD51型，支線、調車使用DE10型的體制。本單元將回顧柴油機車的開發歷史與近來動態。

戰後的動力現代化計畫促成了柴油機車的開發

日本國有鐵道最早的柴油機車是在1929年與翌年自德國各購入1輛的DC11型（電力式）與DC10型（機械式）。1932年日本國內製造出了8輛機械式的小型柴油機車DB10型，1936年則製造了1輛電力式的中型柴油機車DD10型。但這兩款機車輸出不足且時常故障，尚未量產便面臨了二戰爆發，技術開發也因而中斷。

戰後在燃料能源從煤轉換為石油的趨勢下，歐美率先改良柴油引擎做為替代蒸汽機的動力，日本也以此為目標推動「動力現代化計畫」。

柴油機的傳動方式有3種，分別是透過齒輪以機械傳輸的機械式，使用液力變矩器的液力式，以及藉由引擎發電使驅動馬達運作的電力式。歐美是以重量雖重，但輸出大的電力式為主流，因此日本起初的構想是幹線用大型機車採電

大阪交通科學博物館展示的液力式DD13型638號車（左）與電力式DF50型18號車。因該博物館關館，保存地點已轉移至津山鐵道教育館。

力式，支線、調車用機車採重量較輕、成本低廉的液力式。

1953年起生產了6輛的國產柴油機車DD50型為電力式，搭載與瑞士廠商技術合作的引擎，主要用在處於直流、交流電交界的北陸本線敦賀～米原間。運用上以2輛1組為前提，僅其中一輛設有控制台。接著登場的DF50型從1957年至63年生產了138輛，使用於北海道以外的全國各地非電氣化次級幹線。牽引對象包括了貨物列車至特急列車，但輸出不足以做為幹線用機車，而且外國廠商授權生產的引擎有保養維修及成本面的問題。

1954年則登場了搭載2具與柴聯車同系列引擎的液力式柴油機車DD11型。而貨物調車場內調車作業的量產型柴油機車DD13型自1958至67年生產了416輛。駕駛室位於中央的凸型車身成為後來液力式機車的一大特色。

1932年登場的日本首款純國產柴油機車DB10型，由當時的鐵道省設計，製造了8輛。DB10型是全長6m的小型車，用於車站內或工廠內等的調車作業。

DD13型是首款量產化的調車、區間行駛用液力式柴油機車，活躍於各地的調車場。鐵道博物館（埼玉縣埼玉市）展示的1號車重現了新出廠時褐色配黃色線條的樣貌。

DD51型對於非電氣化路線的無煙化功不可沒

有了DD13型的基礎後，終於開發出幹線用柴油機車DD51型，自1962至78年約17年間共生產了649輛。無論

對非電氣化幹線無煙化貢獻良多的DD51型是液力式柴油機車，共生產了649輛。1號車重現了新出廠時的褐色塗裝，展示於碓冰峠鐵道文化村。

是單機或重聯，客車或是貨物的牽引工作DD51型皆能勝任，是非電氣化幹線無煙化的功臣，已臻成熟的國產技術對於保養維修面也有所貢獻。搭載1具與DD51型同系列的引擎，為減輕軸重而採3軸＋2軸轉向架配置的DE10型也以DD13的後繼者之姿登場，自1966至77年共生產了708輛。

考量到車身重量及保養維修面搭載1具大輸出的引擎較搭載2組引擎與液力變矩器更具優勢，因此在1966年至71年生產了40輛引進德國技術的DD54型。但由於外國設計的傳動機制過於精密，導致問題不斷發生許多意外，因此成了一款短命的柴油機車。

在這之後，非電氣化區間幹線使用DD51型，支線、調車使用DE10型的模式持續了很長一段時間。

對環境更友善的混合動力柴電機車登場

國鐵分割民營化後，由於北海道的幹線尚未電氣化，且點對點直達的長編組貨櫃列車增加，因此JR貨物不得不在1992年開發DF200型，以取代重聯使用的DD51型。DF200型為電力式而非液力式，採用了電聯車常見且成熟的「三相異步電動機」、「VVVF逆變器控制」等電力機械。藉由柴油引擎發電，

開發DE10型的主要目的是牽引地區路線的客貨列車及調車用途，但也會用來牽引長大編組的貨櫃列車。

牽引富良野美瑛慢車號的DE10型。由於DE10型的行駛條件限制少、應用性高，因此也常用於牽引特別活動列車等。

冬季時在大雪地帶用於軌道除雪的DE15型犁式柴油機車。機車前後連接了2軸轉向架的犁式除雪車，鏟開行進方向上的雪。

DF200型是改組為JR後開發的VVVF逆變器控制的電力式柴油機車，在北海道的非電氣化幹線牽引長大貨物列車。

DF200型7000番台僅製造了1輛，專門用於牽引JR九州的豪華郵輪式列車「九州七星」號。外觀為與「九州七星」號客車一致的設計。

導入JR東海Kiya 97系以後，過去以機車頭牽引鐵軌運送用列車的做法便逐漸改為使用能夠以自身動力行駛的柴聯車運送。

以減少環境負擔為目標的HD300型是日本首款混合動力柴電機車，用於替代DE10型在貨物車站內進行調車作業。

憑藉其電力驅動馬達行駛。

JR貨物還開發了裝載大容量蓄電池的日本第一款混合動力柴電機車HD300型，接班日益老化的場站內調車用DE10型。透過協調運轉柴油引擎發電機與鋰離子蓄電池雙方的動力源，減少了機車的排放氣體及噪音。試作車在2010年3月登場，自12年度起正式導入。

另外，由於HD300型在某些小站可說是大材小用，因此另外生產了調車用的液力式小型柴油機車DB500型，自2017年開始運用。

柴油機車還有一項用途是牽引運送鐵軌、道碴等工程材料的貨車。JR東海開發了運送鐵軌專用的柴聯車Kiya97系，自2008年導入。JR東日本也正式採用以此為基礎的KiyaE195系，取代以機車頭牽引進行的運送。目前也有逐漸以被視為保養維修用機械，而非鐵道車輛的軌道工程車取代機車頭牽引工程相關列車的趨勢，因此柴油機車上場的機會將愈來愈少。

國鐵EF66型（0番台）電力機車

牽引貨物或藍色列車都沒問題！號稱國鐵最強的「元祖66」

為滿足貨物運送高速大量化的需求，運用了尖端技術的EF66型在1968年登場。由於也負責藍色列車的牽引，因此相當有知名度。雖然是保留了國鐵時代樣貌的人氣機車頭，但現役車輛已在2022年全數退役。

EF66型也曾負責牽引行駛東京與大分、熊本間的寢台特急「富士・隼」號（2009年停駛）（攝影：牧野和人）。

一次車、二次車合計生產了55輛

EF66是為了高速運轉牽引貨櫃列車，由國鐵開發的大輸出直流電機車。由於追求大幅超越當時的主力貨物用機車EF65型的規格，因此具備相當於EF65型約1.5倍的3900kW的大輸出，被稱為「國鐵最強的電力機車」。初期的0番台（基本番台）生產了55輛。

在此之前，1966年先完成了做為試作機的EF90型。為因應高速行駛，此時還開發了10000系貨車（KoKi 10000型、ReSa 10000型等）。

有了從EF90型的行駛測試的經驗，1968年至隔年生產了20輛EF66型的初次量產車，搭載改良了過去軸懸式驅動的空心軸可撓軸懸式驅動，希望透過輕量化減少鐵軌的損傷。轉向架採用空氣彈簧，確保高速行駛時的穩定性。此外，預想到牽引10000系貨車的使用情境，因此設置了風缸以輸送控制該貨車制軔所需的壓縮空氣，並採用風

EF66型具有能夠牽引20節以上貨櫃車的動力，對於大量、高速運送貨物功不可沒。

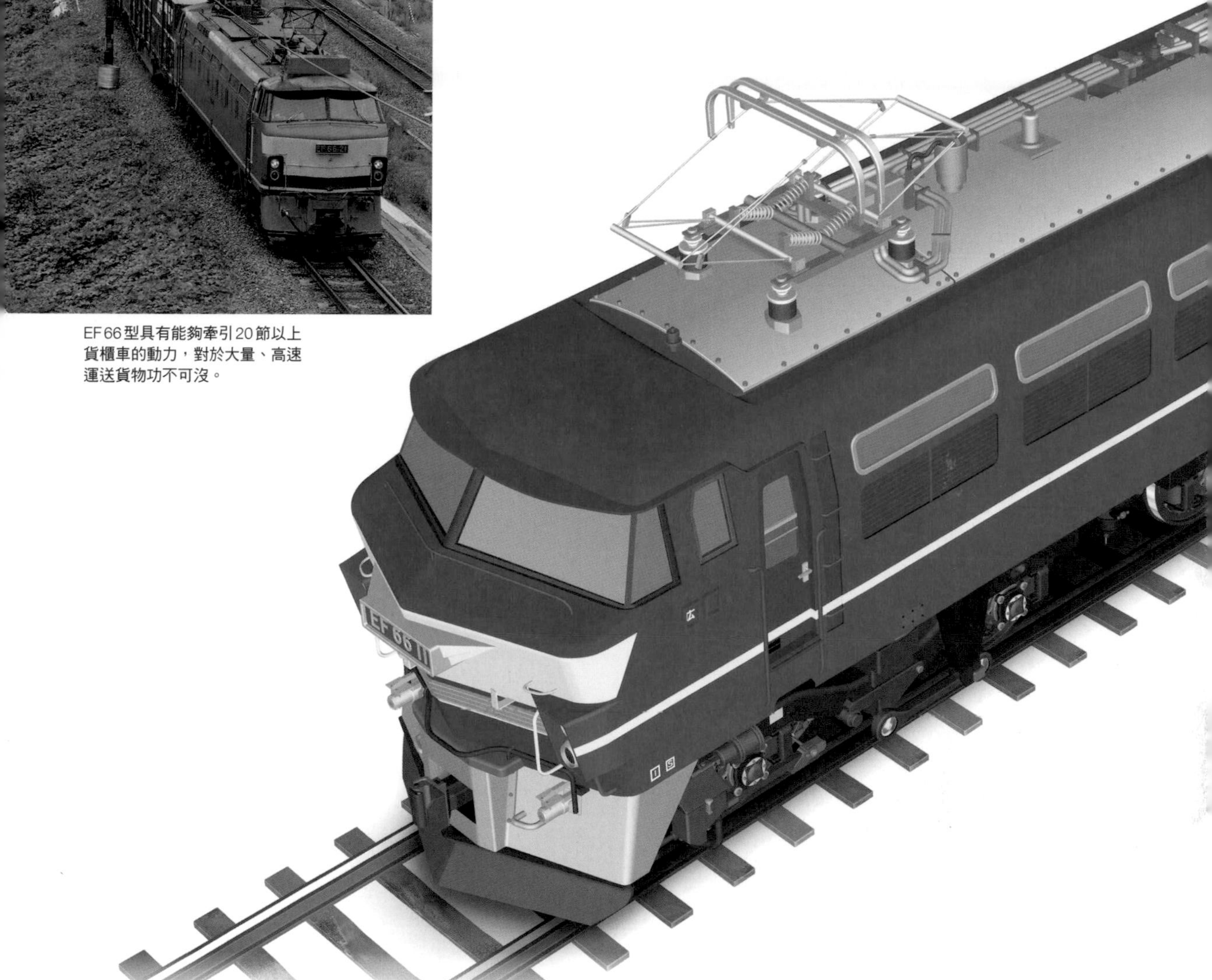

缸與韌管會自動連接的設計。

ＥＦ66型在１９６９年獲得了鐵道友之會的「藍緞帶獎」。１９７３～75年為配合高速貨物列車增班，21～55號車陸續完成生產。前擋風玻璃上方裝設了雨遮，並改良電力機械。

ＥＦ66型雖然是為了牽引貨車而製造，１９８５年起也充當行駛於東海道、山陽本線的「藍色列車」，也就是寢台特急的牽引用機車，直到寢台特急停駛為止。歷經國鐵改組為ＪＲ後，小改款的100番台在１９８９年登場。另一方面，０番台雖從１９９３年起進行體質改善工程以求延長壽命，但仍因老舊而逐漸退役。ＪＲ貨物吹田機關區在２０２２年３月結束０番台27號車的定期行駛後，現役車輛已完全退出舞台。

DATA

EF66型0番台

全長：18,200mm
全寬：2,800mm
全高：3,872mm
重量：100.8t
最高運轉速度：時速110km
初次製造年：1968年

EF66型（0番台）電力機車

內部的祕密

Inside

單元開關

掌管電路連接的切換。

電動送風機

送風冷卻位於地板下的主電動機（馬達）。

轉向架

兩端轉向架為DT133A形，中間轉向架為DT134A形。為維持高速時的穩定性，是最先於枕簧使用空氣彈簧的機車。

主電阻器

控制送往地板下方主電動機（馬達）的電壓。

高速斷路器

當發生故障等導致有過大電流通過時以高速阻斷，以避免控制裝置損傷。

主電阻器等機械集中於機械室，室內有狹長的通道。

外觀使用與20系客車（藍色列車）相同的藍色為基調，搭配奶油色。直流電機車直到現在都還是以藍色為主要顏色。
攝影／牧野和人

能夠載運1000噸級貨物 令國鐵揚眉吐氣的電力機車

採用特殊流線型的前方造型與過去的箱型電力機車有顯著的不同，這樣的設計是因為考量到了高速行駛。前方左右兩端有如客車般縱向排列的前照燈與標識燈也是一大特色。為了在撞擊事故時保護乘務員，駕駛室的地板設計得較高。

EF66型當初在動力方面的目標是牽引1000噸級貨物行駛於平坦路線時可達時速120km，行駛10 的上坡時也能達時速75km。MT56型主電動機與QD10型驅動裝置便是為了達成此目標而開發。1輛EF66型搭載了6具主電動機，1小時額定輸出為3900kW（650kW×6具）。與過去EF65型使用的MT52型主電動機的2250 kW（425kW×6具）相比，約為1.5倍。因此EF65型需要重聯才能牽引的列車只要一輛EF66型便足以勝任。

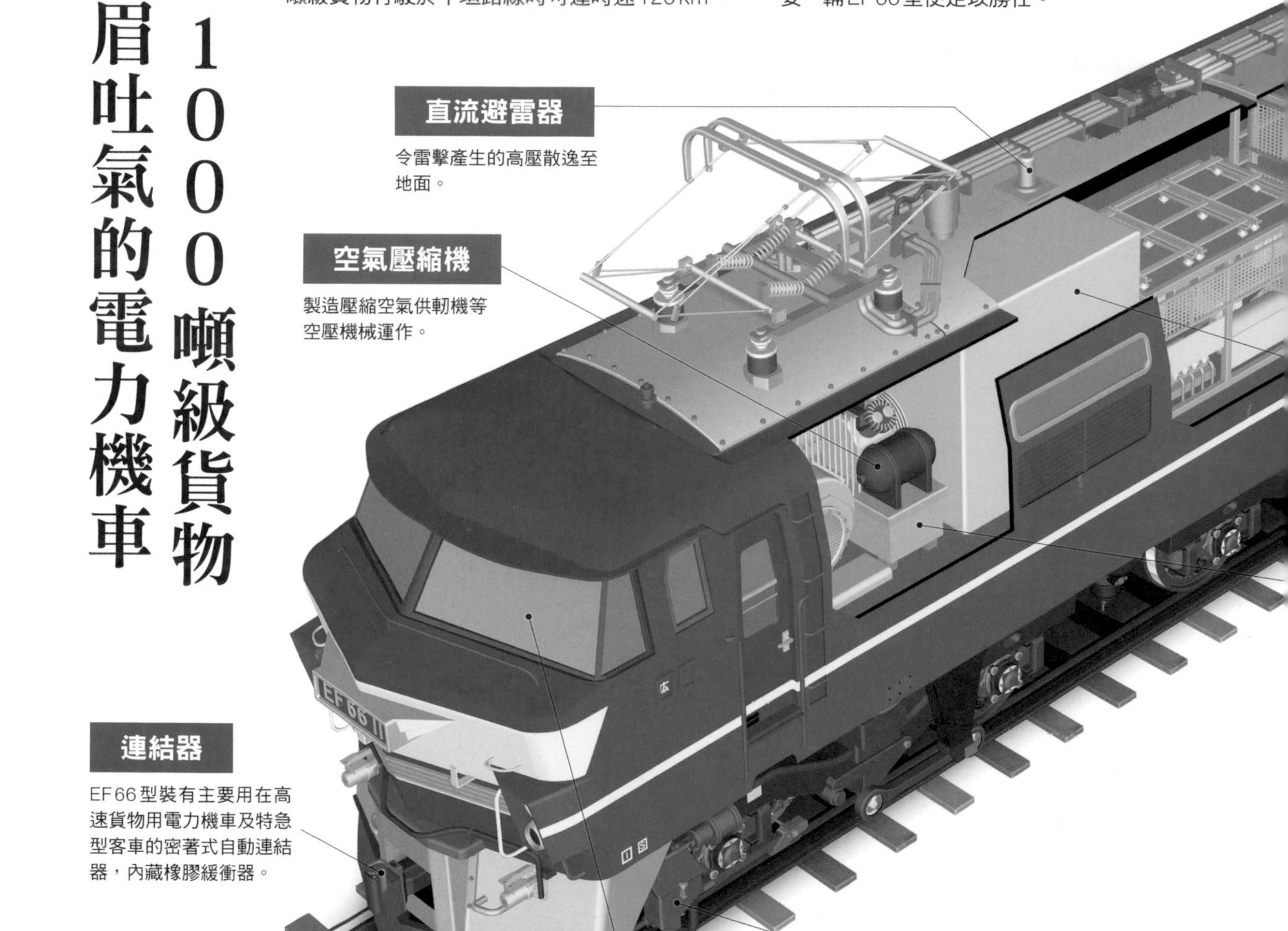

直流避雷器

令雷擊產生的高壓散逸至地面。

空氣壓縮機

製造壓縮空氣供軔機等空壓機械運作。

連結器

EF66型裝有主要用在高速貨物用電力機車及特急型客車的密著式自動連結器，內藏橡膠緩衝器。

砂箱

裝有沙粒以防止主動輪空轉。會在有坡度的區間撒沙。

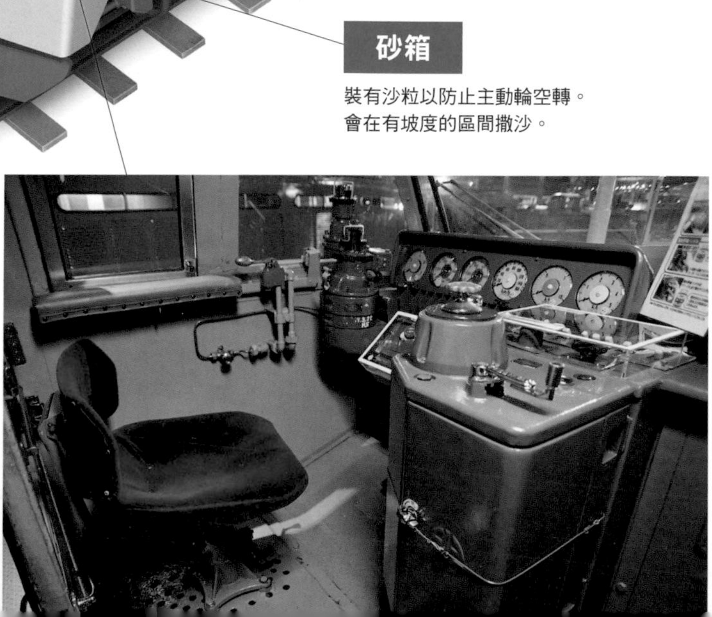

控制台

與過去的電力機車相比，腿部空間較寬敞，且因地板高，所以視野良好。儀表為使用EL板的內照式。前擋風玻璃帶有34°傾斜。

昭和時代初期製造的ED 16型在上越線、中央線為客貨兩用機車，晚年在青梅線運送石灰岩，不過1983年的告別運轉時牽引的是客車。

電力機車的歷史

運送貨物及旅客 走遍日本全國

從因應陡坡的齒軌式機車開始，隨著鐵路電氣化而加速開發。ＥＦ66形及ＥＦ81形在國鐵時代都有活躍的表現，ＪＲ化後則有ＪＲ貨物的「ＥＣＯ-ＰＯＷＥＲ」系列登場。一路走來許多電力機車都曾在歷史留名。

日本國產標準機車ＥＦ52型誕生於1928年

日本最早的電力機車是在1912年5月於信越本線橫川～輕井澤間上路。這款德國製的電力機車型號為10000型（ＥＣ40型），是因應陡坡用的齒軌式車輛。日本以此為範本，在1919年製造了第一款國產電力機車10020型（ＥＤ40型）。

一般路線區間的東海道本線東京～國府津間、橫須賀線大船～橫須賀間在1925年12月開始幹線的直流1500伏特電氣化，因此從美國、瑞士、英國、德國進口了14款電力機車，帶有濃厚實驗意味。1928年誕生根據這些機車的使用實績所設計的國產標準機車ＥＦ52型。後來又在ＥＦ52型的基礎上改良，製造了客用的ＥＦ53型、ＥＦ56型、ＥＦ57型及貨用的ＥＦ10型、ＥＦ12型、中型機車ＥＤ16型等，成為戰前及戰時的主力電力機車。

太平洋戰爭後期材料不足，生產出將裝備減到最少的戰時設計貨物用ＥＦ13型。戰後為了重建，增強運送能力成了當務之急，1946年開始量產客用ＥＦ58型，翌年則量產貨用ＥＦ15型，因電氣化區間擴大有了更多表現機會。

EF15型生產了202輛，很長一段時間都是直流區間貨物列車的標準牽引機車，主要零件可與旅客用的EF58型共用。車身顏色是與舊型電力機車相同的葡萄色2號。
攝影／米原晟介

EF58型的半流線型車身相當受到喜愛，61號車更是被指定牽引皇室列車，以特殊規格下單。除了皇室列車外，61號車還曾牽引過許多知名列車。

1956年東海道本線全線電氣化時，牽引特急「燕子」號、「鴿子」號的EF58型漆成了與客車相同的淺綠色，此一造型被暱稱為「青大將」。
攝影／米原晟介

堪稱長青樹的EF66型及EF81型

為了推動所需的變電所數量較直流方式少的交流2萬伏特電氣化，1955年試作了直接驅動交流馬達的ED44型與藉由水銀整流器驅動直流馬達的ED45型。在仙山線進行比較測試後，國鐵採用了黏著性能較佳的後者驅動的方式，於1957年北陸本線田村～敦賀間電氣化時投入ED70型，1959年東北本線黑磯～白河間電氣化時投入ED71型。

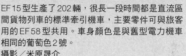

為了推動所需變電所數較直流少的交流2萬伏特電氣化，1955年試作了直接驅動交流馬達的ED44型與藉由水銀整流器驅動直流馬達的ED45型。在仙山線比較測試後，採用了黏著性能較佳的後者，於1957年北陸本線田村～敦賀間電氣化時投入ED70型，1959年東北本線黑磯～白河間電氣化時投入ED71型。

為了取代運作不穩定且時常故障的水銀整流器，採用矽整流器的交流電專用

信越本線橫川～輕井澤間位於碓冰峠的陡坡須使用該區間專用的輔助機車EF63型與後方列車協調運轉。行駛時為2輛一組，皆連接於橫川方向。

機車EF70型與ED74型於1962年北陸本線福井電氣化時一同亮相。翌年登場的ED75型則是實質上的交流電標準機車。另外，九州地區及北海道地區則有以ED75型為基礎，搭載了列車暖氣用蒸氣產生裝置的ED76型上路。

1958年起生產了地方路線用ED60型、幹線用EF60型，都是轉用交流機車的技術，做到高輸出、高黏著性能的新性能直流機車。1962年則有取代齒軌式車輛，碓冰峠新路線的本務機車EF62型與輔助機車EF63型，

坡度區間用的直流電力機車EF64型，使用電阻制軔，可重聯總括運轉。旅客、貨物列車皆可見到其身影。

1964年有其他坡度區間用的EF64型、平坦區間用的EF65型登場。

1968年開始量產的大輸出高速貨物牽引機車EF66型，以及在日本海縱貫線完成電氣化前上路的直流、交流50赫茲、交流60赫茲三種電力方式皆可對應的EF81型都使用了很長一段時間。

JR貨物開發的「桃太郎」、「金太郎」登場

1987年國鐵分割民營化，JR貨物有感貨櫃列車集中運送需求增加，除

牽引寢台特急「日本海」的EF81型交直流兩用機車。對應直流、交流50赫茲、交流60赫茲三種電源，行駛於日本海縱貫線全線皆不需更換機車頭。

了在部分國鐵既有車輛增添設備，也著手開發新世代電力機車，重點放在迅速普及於電聯車的逆變器控制交流馬達。1990年試作了直流用EF200型與交直流兩用EF500型，但皆對旅客鐵道公司的變電所有輸出過剩問題，最後實際量產的是1998年服役的東海道、山陽本線牽引貨櫃列車的直流用EF210型，以及2000年起服役東北本線～津輕海峽線用2輛連接式的交直流兩用EH500型。2003年則有坡度區間用的直流用EH200型及替換EF81型的交直流兩用EF510型登場。

JR貨物開發的機車皆冠上了「ECO-POWER」的系列名，且每一款有各自的暱稱。EF210型為「桃太郎」，EH200型為「Blue Thunder」，EF510型為「Red Thunder」，EH500型為「金太郎」，車身上畫有暱稱及專屬標誌。

由於北海道新幹線通車，青函隧道成為新幹線列車與在來線貨物列車共用，因此2012年時又有可對應與在來線不同電壓及保安裝置的複電壓式EH800型交流專用機車加入服役。

牽引貨櫃列車的EH500型交直流兩用機車。為獲得更高的黏著性能，採用2輛永久固定的方式運轉，負責東京一帶～東北間及行經關門隧道的貨物運送。

用於牽引寢台特急「北斗星」號的EF510型500番台是JR的旅客公司首款全新生產的機車，後來因為夜行列車停駛而全數轉賣給JR貨物。

國鐵24系Ohanefu25型客車

為改善B臥鋪車推出的最高品質藍色列車

Ohanefu25型客車的定位是24系的雙層臥鋪版本，更改了車內設備及配置，希望打造更舒適的車內環境。曾做為「北斗星」號及「曙光特快」號的客車輝煌一時，可惜已在2015年停駛退役。

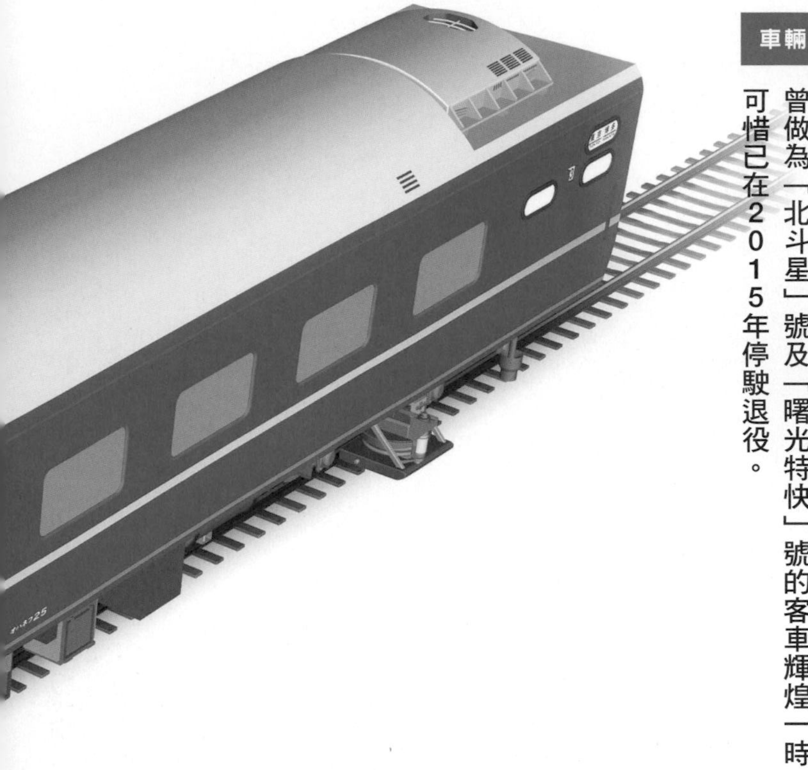

Ohanefu 25的「O」代表車身重量為32.5噸以上，未滿37.5噸；「HaNe」為B臥鋪車之意；最後的「Fu」則代表這是裝有制軔裝置之車輛，這種車輛稱為緩急車。

圖片提供／日本車輛製造股份有限公司

為替換20系，眾多衍生形式及番台新誕生

為了接替藍色列車的始祖——20系臥鋪車，國鐵原本添購了方便編組分割柴油引擎位於客車地板下方分散電源方式的14系，但由於1972在北陸隧道發生了列車火災事故，因此又決定製造與電源車連接，恢復為集中電源方式的24系。1973年登場的初期款式採B臥鋪為三層等設計，基本設備與14系相同，臥鋪的床框由纖維強化塑膠製改為鋁製等做法則希望能提升難燃性。

從1974年生產的群組開始，B臥鋪改為雙層以提升乘坐舒適性，並透過變更廁所的配置及撤去更衣室等設計，增加臥鋪數量彌補因此減少的載客數。另外，漆在窗戶下方，環繞藍色車身的白色線條也換成不鏽鋼飾條。這批車輛的形式數字由24改成了25，因此稱為24系25型。24系的初期型及14系的B臥鋪車後來也陸續將臥鋪從三層改為雙層。

Ohanefu25型可細分為靠乘務員室一側的連接面形狀為折妻型（帶有

行經青函隧道前往北海道的寢台特急「北斗星」號。車輛強化為耐寒、耐雪規格，車門由折門改為拉門。

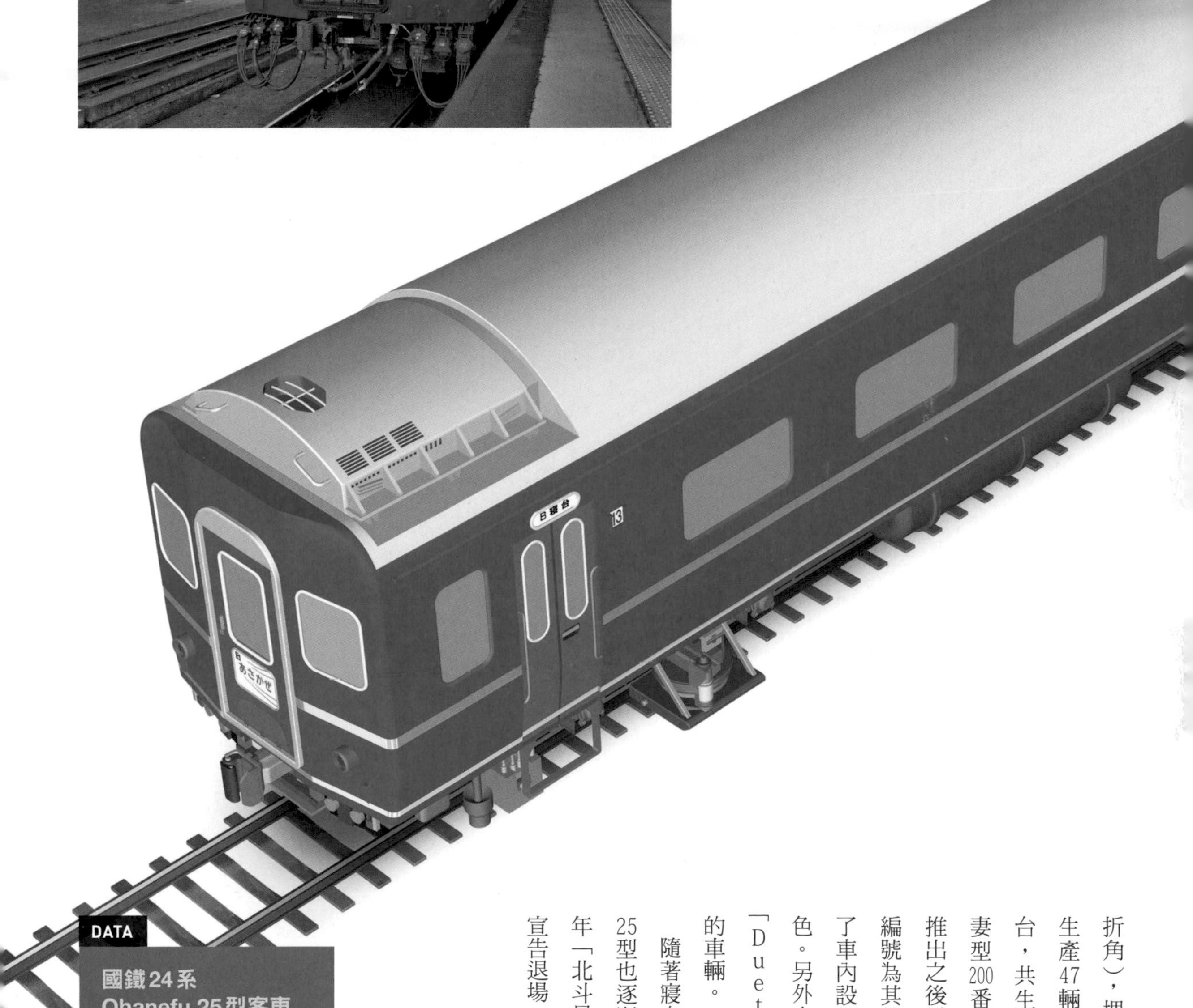

折角），埋入了貫通風擋的0番台，共生產47輛；切妻型（平坦面）的100番台，共生產57輛；略帶後退角的半切妻型200番台，共生產21輛。這些車輛推出之後曾進行各種改裝，有些則更改編號為其他形式，至於在國鐵末期升級了車內設備的車輛則將車身飾條改為金色。另外也有改裝為2人用B臥鋪包廂「Duet」、4人用「B Compartment」的車輛。

隨著寢台特急沒落，Ohanefu 25型也逐漸失去了舞台，並在2015年「北斗星」號、「曙光特快」號停駛後宣告退場。

DATA

國鐵24系
Ohanefu 25型客車

全長：21,300mm
全寬：2,900mm
全高：4,090mm
重量：33.2t
最高運轉速度：時速110km
初次製造年：1973年

國鐵24系 Ohanefu 25型客車

內部的祕密

Inside

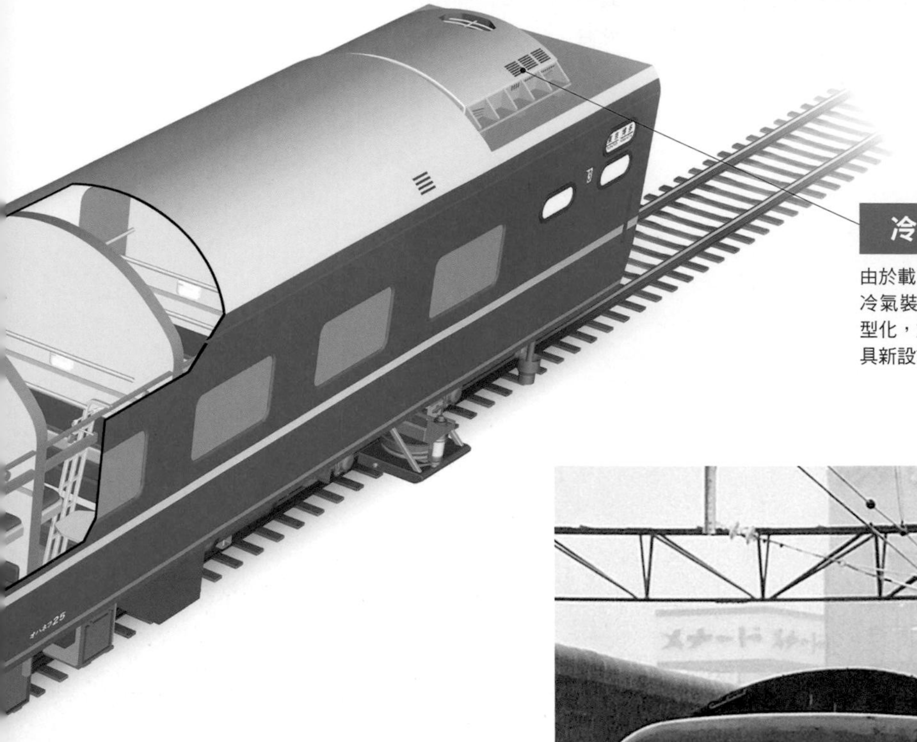

冷氣裝置

由於載客數變少，因此將AU76冷氣裝置的冷房能力調低並小型化，於車廂兩端的車頂搭載2具新設計的AU77。

朝風4號

行駛於東京～博多間的「朝風4號」。1987年國鐵民營化後由JR東日本接手，並投入車身有金色飾條的升級版車輛。

圖片提供／日本車輛製造股份有限公司

雙層臥鋪令舒適度進一步提升 改裝及變更等衍生出各式版本

Ohanefu 25型客車的載客數為32人，方向與枕木平行的上下雙層床兩兩相對排列，屬於開放式臥鋪。床寬70cm，長190cm，上鋪以固定於窗戶與餐桌的折疊梯上下。每張臥鋪備有床單、睡袋狀的棉被、枕頭、浴衣、衣架，床頭有可以自行開關的閱讀燈。走道位於靠窗側，窗戶下方有往前放倒使用的簡易座椅。

Ohanefu 25型通常連接於與電源車相反方向的編組端，但也會使用貫通門編入列車的中段。洗手台及廁所位在與乘務員室相反方向的車廂另一端。

車廂尾端

乘務員室位於此處，貫通門上裝有顯示列車暱稱的銘牌。

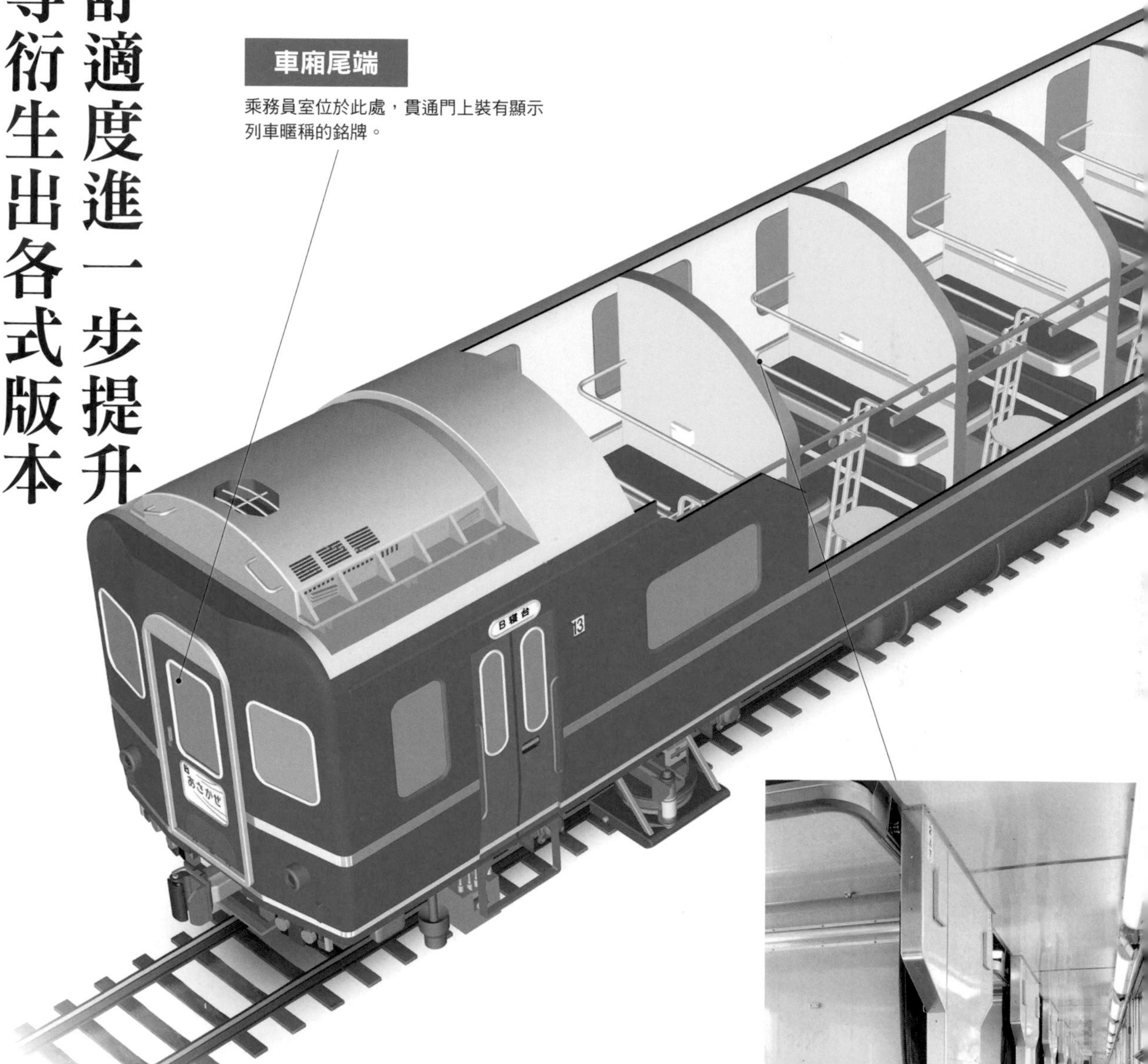

臥鋪

白天時下鋪可收起當作座椅使用。0番台採用下鋪變為座椅時，上鋪會上升50cm的設計，但之後皆改為固定式。

國鐵20系Nashi 20型客車

替寢台特急「藍色列車」帶來美食的餐車

由於寢台特急的乘車時間長，因此都會掛上餐車。1958年登場的20系客車Nashi 20型配備了全電化調理室及現代風設計的餐廳，並提供以日式西餐為主的豪華餐點，因而引發熱烈討論。

Nashi 20型的「Na」代表車身重量為27.5噸以上，未滿32.5噸；「Shi」為餐車之意。Nashi 20型1～29的29輛為日本車輛製造，51～57的7輛為日立製作所生產，合計生產了36輛。

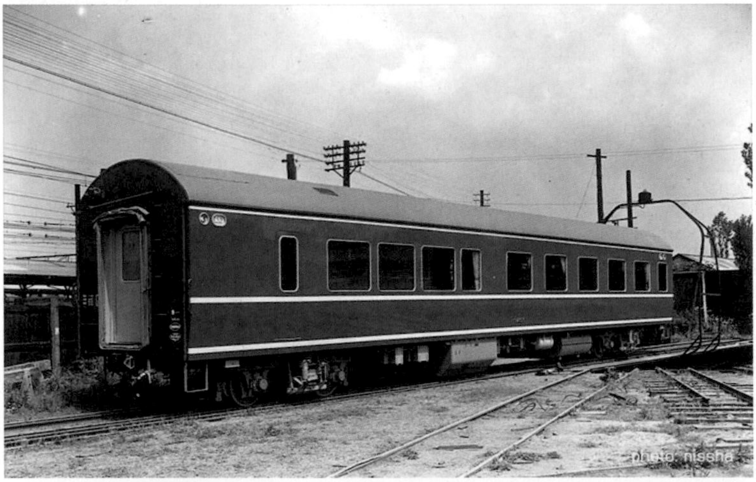

奔馳於日本各地的全電化餐車

1958年起用於東京～博多間的特急列車「朝風」號的20系客車採用了過去的客車列車不曾見過的固定編組方式。全車皆為固定窗，配備冷暖氣；空氣彈簧轉向架改善了搭乘的舒適度；原本位於各車廂的電源改為集中至連接在編組端的電源車，使車內更為安靜等多項劃時代的設計獲得了好評，因而被稱為「移動的飯店」。20系客車後來大量使用於往來本州與九州的寢台特急列車，並開啟在日本各地建立寢台特急列車路網的契機。也正是因為20系，藍色車身搭配白色線條造型的夜行客車寢台特急有了「藍色列車」的暱稱。

由於夜行列車的搭乘時間長，因此連接了在車上供應晚餐及早餐的餐車。過去的餐車是使用煤爐調理，生火不易且需要煙囪。20系則採用電爐、電烤箱，冰箱也從靠冰塊冷卻物品的簡易冰箱改成了電冰箱，首度實現全電化，大幅減輕調理的負擔。

展示於「京都鐵道博物館」的Nashi 20型餐車。

20系的製造商是日本車輛製造與日立製作所，內裝也分別交由這2家公司設計，因此可以看到兩者設計理念的不同之處。其中最明顯的，就是餐車部分。日本車輛製造將餐廳與調理室的隔間設計為四方形，日立製作所則是馬蹄形，另外像燈具的配置及冷氣出風口等也有所不同。

特急「朝風」號的Nashi20型餐車在1978年替換為24系25型後，結束了最後的定期行駛，正式除役。24號車逃過了遭解體的命運，保存於位在大阪弁天町的「交通科學博物館」，週末時做為餐廳營業。交通科學博物館關館後，24號車配合「京都鐵道博物館」開館移至該處，目前仍能欣賞到其身影。

DATA

國鐵20系 Nashi 20型客車

全長：20,500mm
全寬：2,950mm
全高：4,090mm
重量：29.9t
最高運轉速度：時速110km
初次製造年：1958年

國鐵20系Nashi 20型客車

內部的祕密

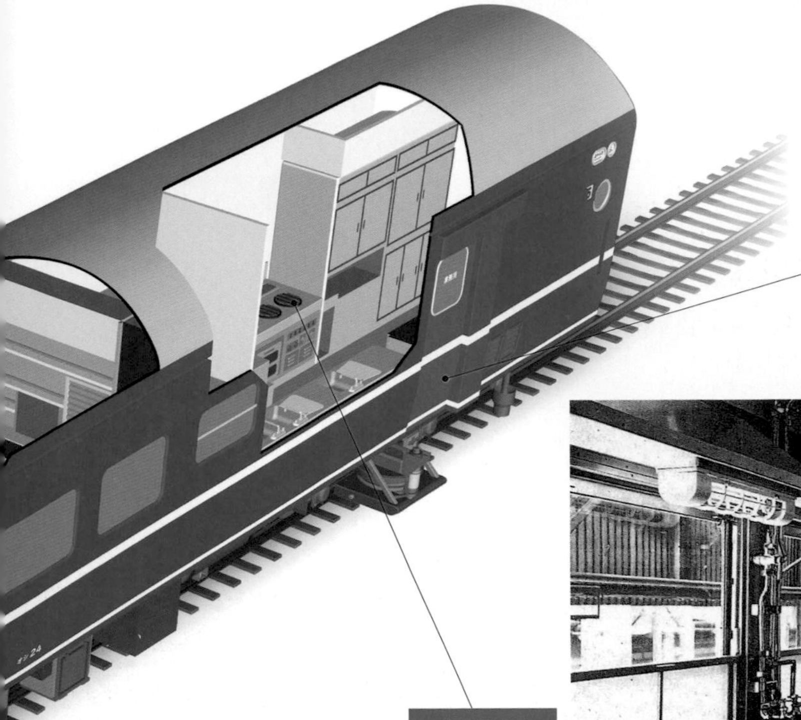

業務用門

用於將食材等裝上餐車。上貨基本上都在有營業所的車站進行，但有時也會在中途的車站補充不足的食材。

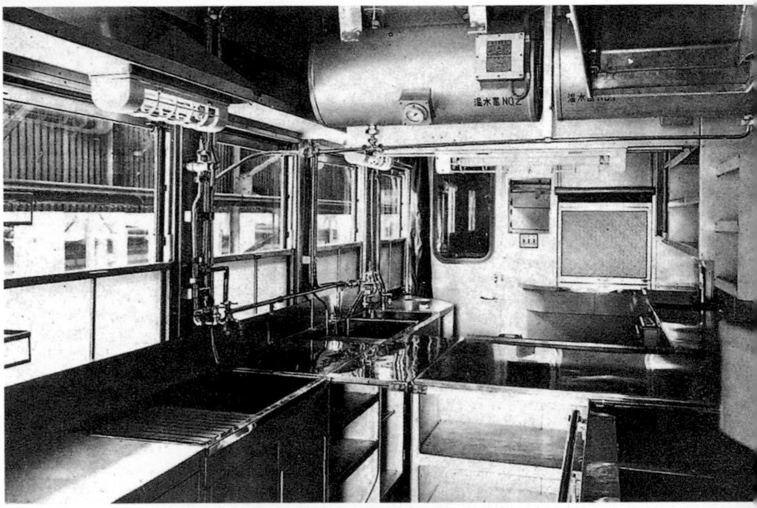

調理室

由於在車上使用明火相當危險，因此調理室為全電化，採用的是電熱線式的電爐及電烤箱。靠窗側有調理用及配膳室用的不鏽鋼製水槽，天花板則有400公升裝的水箱。

餐廳

餐車有10張4人座的餐桌。日本車輛製造與日立製作所生產的20系略有不同，日立製作所的Nashi 20型天花板略低，表面使用胡桃木，日光燈裝在中央天花板部分，當作間接照明使用。每張餐桌另有單點式照明。

集空間寬敞的餐廳及安全有效率的調理室於一身

餐車的內部大致可分為餐廳與調理室。餐廳走道兩旁加起來共有10張4人座餐桌，可供40人用餐。每張餐桌旁都有大片窗戶與窗簾，可一邊欣賞窗外景色一邊用餐，餐點則以日式西餐為主。車身斷面與臥鋪車相同，天花板高，營造出寬敞的空間。調理室雖然空間不大，但具備以機能性為考量所設計的廚房與配膳及結帳用窗口、存放食材等物品的倉庫、上貨用的大型門等。另外，調理室旁有走道供餐廳顧客移動至其他車廂。

吸菸室

由於餐車深受乘客喜愛，因此車廂尾端設置了吸菸室當作候位區。餐廳晚上打烊後這裡則是員工的臥鋪。

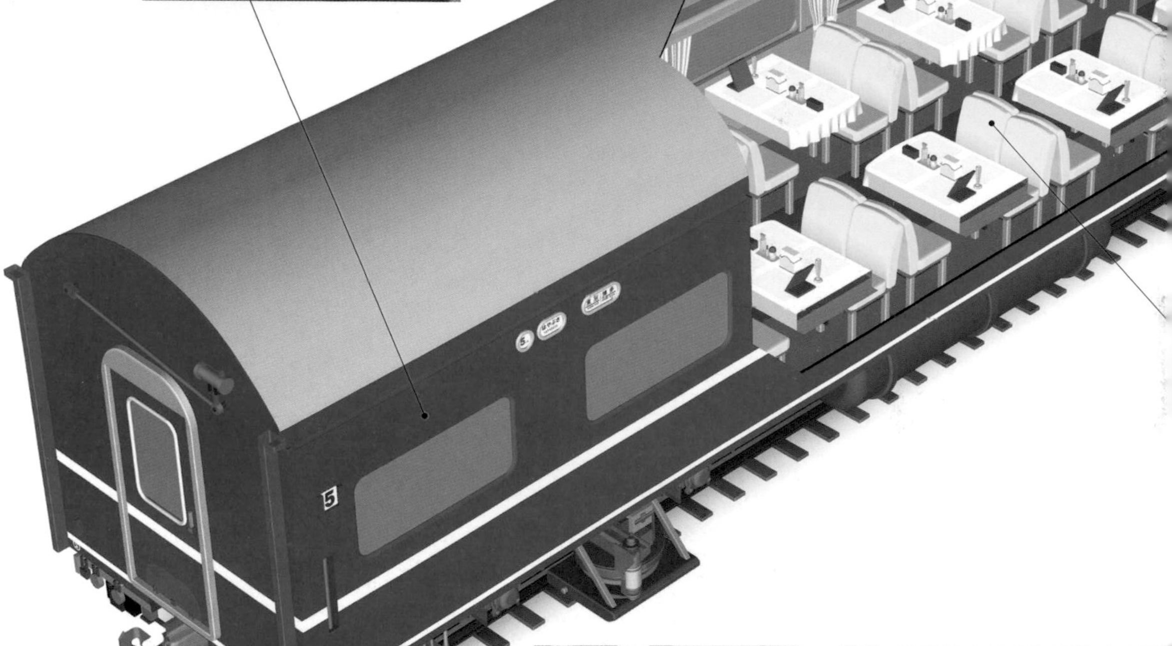

日本車輛製造生產的Nashi 20型內裝為暖色系，天花板裝有整排日光燈，窗戶上方設計了半間接照明。

1958年登場的「初代藍色列車」是使用20系客車的寢台特急「朝風」號，往來於東京～博多間（攝影／米原晟介）。

藍色列車與夜行列車

從交通工具變成奢華享受 夜行列車之旅的時代變遷

1958年颯爽登場的20系客車。
贏得了「移動飯店」美名的藍色車體夜行列車，
帶動了「藍色列車」熱潮。
當熱潮隨著新幹線及航空業興起而冷卻後，
夜行列車代表的意義與過去有了很大的變化。

存放於福岡縣福岡市的貝塚交通公園的20系客車的緩急車「Nahanefu 22 1007」。之前曾有一段時間老化得相當嚴重，不過近年已經重新上漆並進行防鏽處理。

20系客車的登場拉開了藍色列車時代的序幕

在沒有新幹線，飛機也尚未普及的時代，行駛長距離幹線的夜行列車是重要的交通工具。雖然此前也有臥鋪車，但1958年東京〜博多間的夜行特急「朝風」號20系臥鋪客車採用固定窗、完全空調、空氣彈簧轉向架等設計，更實現了安靜、少搖晃的舒適體驗。除了三層式的三等臥鋪（今B臥鋪），二等臥鋪（今A臥鋪）提供一人用包廂與開放式兩種選擇，甚至掛上了餐車。為減少噪音，照明、冷暖氣、餐車調理用電全都由尾端的電源車發電。由於提供了奢華的享受，因此被譽為「移動飯店」。

除了行駛於東京、大阪與九州各地之間的列車，從上野開往東北各地的夜行寢台特急也使用了20系。由於車身藍色，不覺間得到「藍色列車」的稱號。

從1971年上路的14系客車開始，B臥鋪加寬了18㎝；1974年登場的24系25型開始則將B臥鋪改成雙層式以提升舒適性，這也成為了後來的標

有別於集中電源式的20系，寢台特急「出雲」號使用的是因分散電源式的需求而誕生的14系客車，由柴油機車DD51型牽引。14系是以12系為基礎，自1971年開始生產。

改裝為雙層臥鋪車的24系25型客車用於東海道、山陽本線的寢台特急。往來東京～西鹿兒島（現在的鹿兒島中央）間的寢台特急「富士」號是當時日本行駛距離最長的列車，超過1570公里。

準。這一年剛好是山陽新幹線通車至博多的前一年，迎來了臥鋪使用人數約1985萬人，臥鋪車數量約1700輛的高峰，臥鋪使用率也有80％以上。當時鐵路與飛機的票價仍有相當大差距，高速公路的建設也尚不完善，可說是寢台特急最輝煌的歲月。

新幹線及航空業興起
造成寢台特急的乘客減少

SL停駛讓鐵道迷轉而關注特急列車，尤其寢台特急，以兒童、青少年為中心的「藍色列車熱潮」更成了社會現象。但諷刺的是，儘管擁有高人氣，搭乘人數卻彷彿在配合新幹線路網的擴大及飛機的大眾化般，下滑趨勢愈發明顯。畢竟，在狹窄的臥鋪上隨列車搖晃實在不算舒適，票價也不夠實惠。而且由於國鐵深陷虧損的困境，保養維修及人員調度也要大量經費，因此只得減班。

儘管如此，國鐵在其末期仍然增加了臥鋪車的包廂、升級內裝試圖增加乘客。雖然車身飾條由白色變成了金色，但其實只是舊有車輛改裝而成，當時的國鐵已經沒有餘力推出新型車輛了。

國鐵改組為JR一年後的1988年，青函隧道完工為日暮西山的寢台特急帶來了轉機，經由津輕海峽線往來於上野與札幌的「北斗星」號在此時開始行駛。因為使用人數減少而大多已經取消的餐車重新復活，並有各種包廂供乘客選擇。翌年開始又有行駛於大阪與札幌間的不定期臨時列車「曙光特快」號登場。奢華的內裝與深綠色車身展現了有別於「藍色列車」的格調，可說是現在的「郵輪式列車」的先驅。

進入JR時代後，夜行列車的需求仍持續下滑，尤其開放式的B臥鋪更是有違重視隱私的時代潮流，因而乏人問津。夜行列車在時間及便利性方面比不上新幹線及飛機，夜間搭車這一點也競爭不過後來興起的廉價高速巴士。

雖然1998年有行駛於東京～出雲市、高松間，由285系臥鋪電聯車編組成的「Sunrise出雲、瀨戶」號；99年有行駛於上野～札幌間，整列全由包廂A臥鋪的E26系客車編組成的「仙后座」號登場，但每當JR改點時，就有一條路線的臥鋪列車停駛，寢台特急也在2009年全數退出了九州。

行駛於本州與北海道間的列車則由於

配合青函隧道通車，於1988年登場的寢台特急「北斗星」號行駛於上野～札幌間，是最早實現了東京與北海道可不需轉車直達的列車。因車輛老舊及北海道新幹線開始試車等原因，2015年時結束了定期行駛。

1989年登場的寢台特急「曙光特快」號往返於大阪～札幌間。起初是旅行社的旅遊用團體列車，後來變成臨時列車。能夠享用正統法國料理的餐車相當受歡迎，但與「北斗星」號同樣在2015年結束定期行駛。

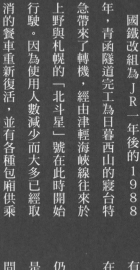

往返東京～高松、出雲市間的「Sunrise出雲、瀨戶」號是日本國內唯一每天行駛的「定期夜行列車」。提供最高級的豪華單人房等5種臥鋪包廂，另外還有鋪設了地毯當床鋪使用的Nobinobi席。

2020年5月亮相的「WEST EXPRESS 銀河」。自登場以來，曾以京都、大阪為起點往山陰、山陽、和歌山、四國等地區長距離行駛，除了日間班次也有夜行列車。

上／郵輪式列車的始祖──JR九州的「九州七星」號。第一節車廂為客廳車，有大片的展望窗。
中／JR東日本的「TRAIN SUITE 四季島」號。香檳金色的車身與運用了漆、和紙等傳統素材的內裝為最大特色。
下／JR西日本的「TWILIGHT EXPRESS 瑞風」號。列車前後兩端有室外展望露臺，讓乘客直接感受到沿途的空氣。

北海道新幹線通車後，在來線的旅客列車將不再行經青函隧道，「北斗星」號、「曙光特快」號因此在2015年3月停駛，「藍色列車」就此消失。目前仍維持定期行駛的夜行寢台特急只剩下「Sunrise出雲・瀨戶」號。

郵輪式列車讓「搭車」本身就是一種樂趣

扮演交通要角的夜行列車完成使命後，接替登場的是提供豪華設備與無微不至服務，讓搭車成為旅行目的的「郵輪式列車」。JR九州在2013年推出的「九州七星」號雖然旅費高昂，仍有絡繹不絕的訂位湧入。2017年時JR東日本推出了「TRAIN SUITE 四季島」號，JR西日本也推出了「TWILIGHT EXPRESS 瑞風」號，令郵輪式列車的市場更為熱絡。

另外，JR西日本還進行了新的嘗試。為了讓更多旅客能享受夜行列車之旅，2020年起推出了117系電聯車改裝成的「WEST EXPRESS 銀河」。

國鐵新幹線0系21型

最高時速超過200km 全球首款高速鐵路專用車輛

因應東海道新幹線通車，1964年登場的新幹線0系21型是全世界第一款以超過時速200km之速商業運轉的「高速鐵路專用車輛」，生產直到1986年為止，共有3216輛曾奔馳於鐵軌上。

後來的東海道、山陽新幹線的車輛也繼承了以奶油色為底，搭配藍色線條的外觀設計。

國鐵首次選擇標準軌做為軌距

0系的基礎來自於1962年登場的新幹線試作車1000型，1000型在為了試車所建的神奈川縣鴨宮示範線進行了各種測試。後來便根據從中獲得的經驗、數據開發出0系。由於開發受到時間上的限制，因此採用已有實績的既有技術，但也在規格上保留了未來改良、改善的空間。

基於確保運輸能力的觀點，東海道新幹線採用了國鐵營業路線首見的標準軌（軌距1435㎜），車身體積之大也是日本國內鐵路前所未見（全長24500㎜，全寬3380㎜）。車身為鋼製，並採當時正進行開發的硬殼式結構。另外，鋼材隨不同部位調整厚度的設計也成功做到了輕量化。經過風洞實驗後，車頭造型採用帶有圓潤感的流線型構造。車頭的緊急用連結器上裝有碗公型護罩，成了外觀的一項特色。

為對應高速行駛，0系為2節車廂1單元的全電動車。新幹線列車通車之初

展示於英國國立鐵道博物館的0系（22型）。0系車輛可說是日本在鐵道業重振聲勢的象徵，受到了世界各國高度評價。

前擋風玻璃使用11.6mm厚的強化玻璃，以承受行駛時的風壓、進入隧道時的氣壓差等。

為一列12節，即使其中1個單元出問題，仍能憑藉其餘5個單元行駛。轉向架為新開發的DT200型，改良了既有的空氣彈簧、枕簧，確保乘坐時的舒適度。每一單元裝有1具集電弓，為首次將下交叉式菱形集電弓用於旅客車輛。

通車之初的12節編組中，有2節為1等車廂（後來的綠色車廂），2節為提供輕食服務的自助式餐廳與2等車廂（後來的普通車廂）的複合車廂，其餘8節為2等車廂。

0系後來長期持續增添新設備，到1986年為止共計生產了3216輛。另外，0系這個稱呼一開始並不存在，而是東北新幹線200系登場前後這段時間才開始普及。

DATA

國鐵新幹線0系21型

全長：25,150mm
全寬：3,380mm
全高：4,325mm
重量：57.6t
最高運轉速度：時速220km
初次製造年：1964年

國鐵新幹線0系21型

內部的祕密

Inside

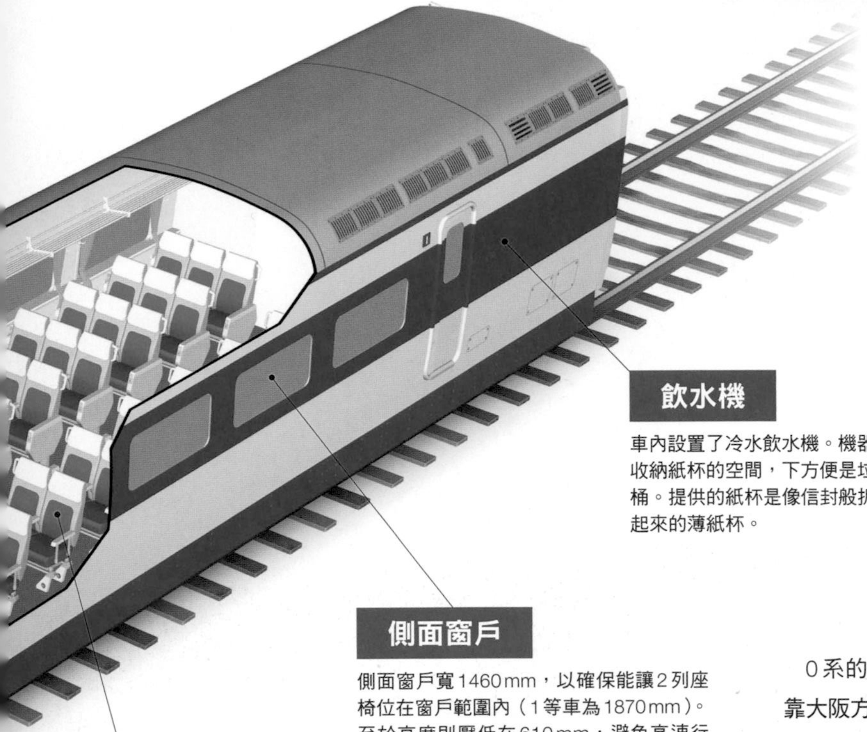

飲水機

車內設置了冷水飲水機。機器有收納紙杯的空間，下方便是垃圾桶。提供的紙杯是像信封般折疊起來的薄紙杯。

側面窗戶

側面窗戶寬1460mm，以確保能讓2列座椅位在窗戶範圍內（1等車為1870mm）。至於高度則壓低在610mm，避免高速行駛時令乘客心生恐懼。

0系的第一節車廂有兩種形式，分別是位於靠大阪方向的21型（無集電弓，有洗手台）與靠東京方向的22型（有集電弓，無洗手台）。車頭的流線型構造運用了航空工程的知識，帶圓潤感的造型是日本國內的鐵道車輛前所未見。

駕駛座的地板為加高設計，讓駕駛員可以看得更遠，但在高速行駛時難以用肉眼辨識軌道上的號誌機，因此開發出了ATC（列車自動控制裝置）。控制台上有顯示速限的車內號誌裝置，列車超速時會自動制軔。

實現高速行駛的同時，國鐵也為了確保安全性而付出許多心力。

座位

普通車（上路當時為2等車廂）的座位配置為靠海側3排，靠山側2排，一列5個座位。座椅為面向行進方向的轉換式座椅，靠走道的座椅有轉換方向時使用的把手。座椅間距為940mm，在來線的特急型電聯車151系則是910mm，因此當初亮相時乘坐的舒適性為一大特色。

磁浮・鐵道館協助拍攝。

為了提供不輸特急型車輛的服務品質，座位間有固定式的扶手，靠走道的扶手還有菸灰缸。

追求高速行駛的同時也兼顧了安全性與舒適性

車頭的控制台下方有無線電及電話裝置等機器。磁浮・鐵道館協助拍攝。

控制台

負責控制運轉的是雙把手主控制器，左手操作制軔，右手操作主控制器。為提升高速行駛時的安全性，控制台裝有ATC（列車自動控制裝置）的車內號誌裝置。

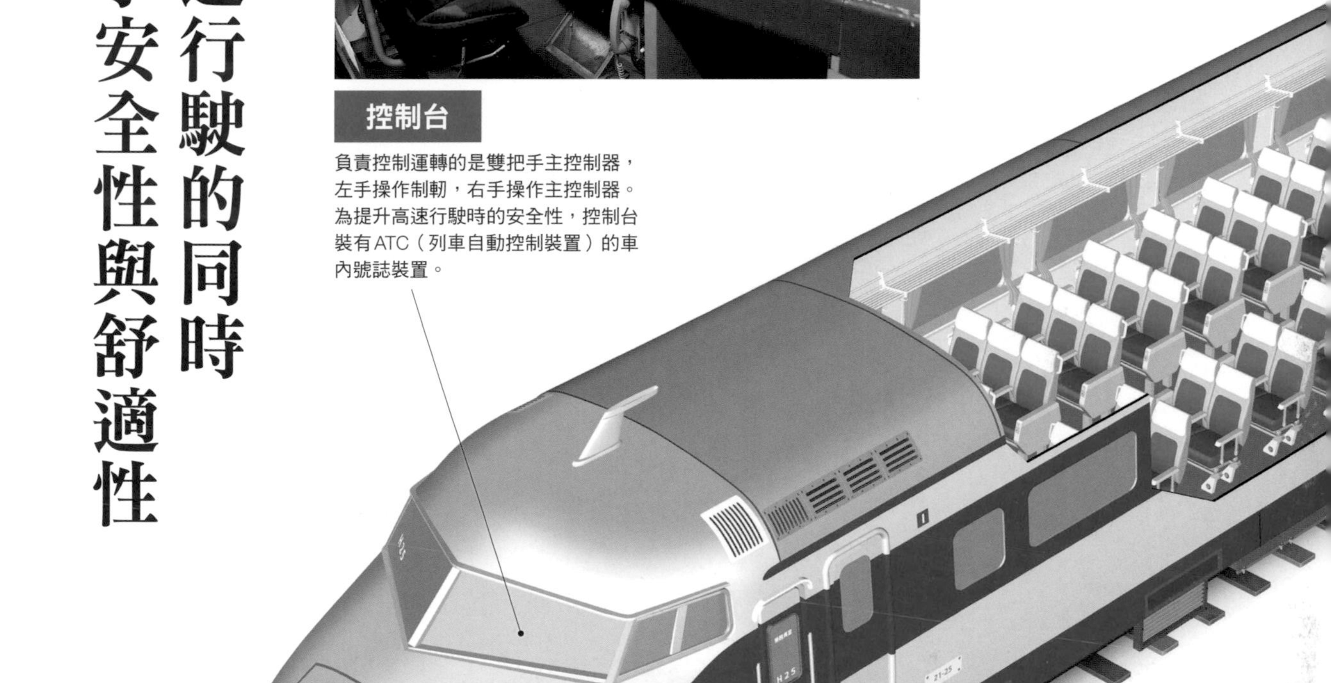

車頭護罩

護罩內為緊急用連結器。護罩起初為半透明的壓克力樹脂材質，後來改為不透明的FRP（強化塑膠）。

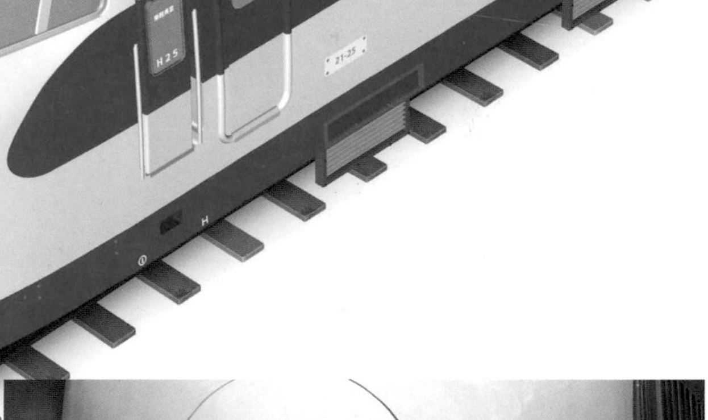

國鐵新幹線0系35型

新幹線通車時大出風頭的自助式餐車

35型在1964年新幹線通車時便已投入使用。由於能一面欣賞窗外風景，一面享用輕食，又感受得到新幹線的速度，因此在當時大受好評。後來的37型立食自助式餐車及36型餐車也都是由此發展而來。

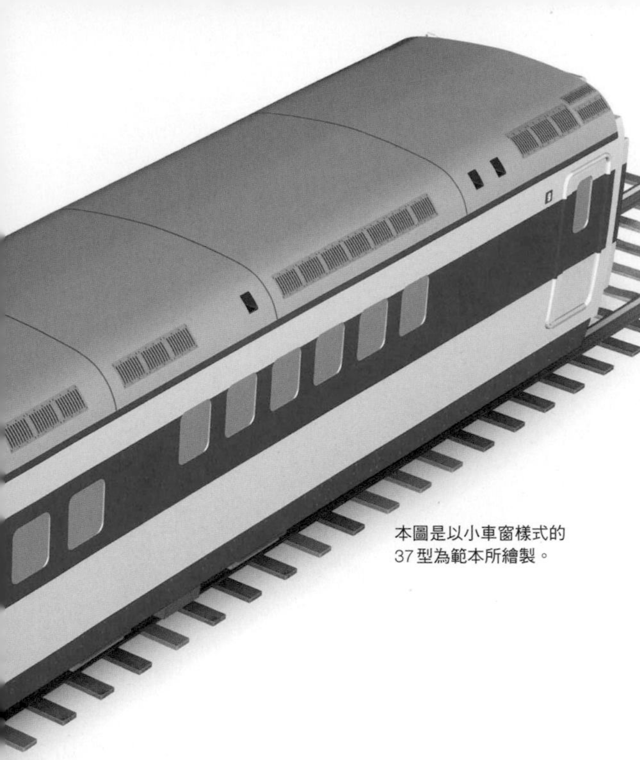

本圖是以小車窗樣式的37型為範本所繪製。

1964年行駛於京都的0系。由於乘車時間不長，列車並沒有餐車，改以提供輕食的自助式餐車代替。車上的販賣櫃台則販售便當及飲料等。

因應短時間搭乘導入的自助式餐車為旅行營造更多樂趣

35型是自助式餐廳與2等車廂（後來的普通車廂）的複合車廂，在東海道新幹線通車時便投入了營運。東海道新幹線的車程約3小時，在當時的優等列車算是比較短的，因此決定不設置餐車。替代方案則是在0系新幹線的編組中設置2處（第5節、第9節車廂）自助式餐廳，提供輕食等餐飲。自助式餐廳最早出現於1958年10月登場的151系特急型電聯車，後來也有一部分電聯車特急、電聯車急行採用。

35型的自助式餐廳包括了調理區、販賣區、出餐吧檯，兼具商店的功能。為避免顧客滯留太久，調理為全電化，使用了當時最新款的微波爐、冰箱，不過廚房的排水起初是直接排出車外。

35型以前的自助式餐廳為立食型態，由於0系車身全寬3380㎜，較在來線多了約400㎜，因此靠窗的吧檯設有FRP（強化塑膠）材質的旋轉椅，和在來線做出差異。另外，為了讓乘客能

車身側面（前方）設置了業務用門。這扇門為手動開關，用於搬運自助式餐廳使用的食材及商店、車上販賣的物品上下車。

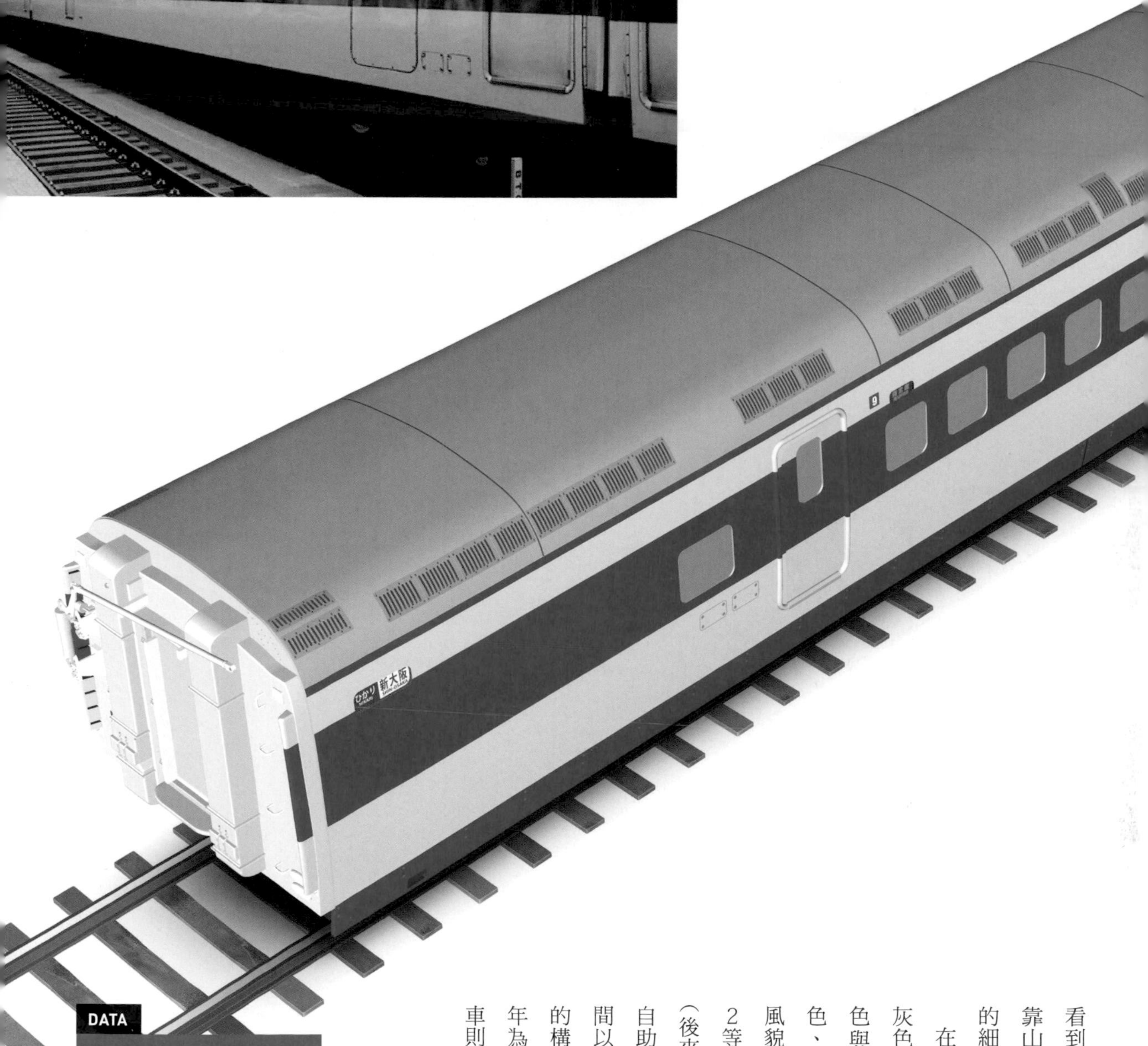

看到富士山，因此靠窗的吧檯是設置於靠山側的窗戶等，車上有許多用心設計的細節為旅途營造樂趣。

在內裝配色方面，第5節車廂牆面為灰色格紋，桌面是橘紅色，椅子是奶油色與藍色；第9節車廂則分別是粉橘色、黑色、黃色與朱紅色，呈現出不同風貌。這是考量到第5節車廂前後皆是2等車廂，第9節車廂則是與1等車廂（後來的綠色車廂）相鄰所做出的設計。自助式餐廳與2等車廂座位（40席）之間以隔板完全區隔開，2等車廂各部位的構造與其他形式皆相同。到1972年為止，35型共生產了150輛，自助式餐車則由後繼的37型延續下去。

DATA

新幹線0系
35型自助式餐車

全長：25,000mm
全寬：3,380mm
全高：3,975mm
重量：56.0t
最高營業速度：時速220km
初次製造年：1964年

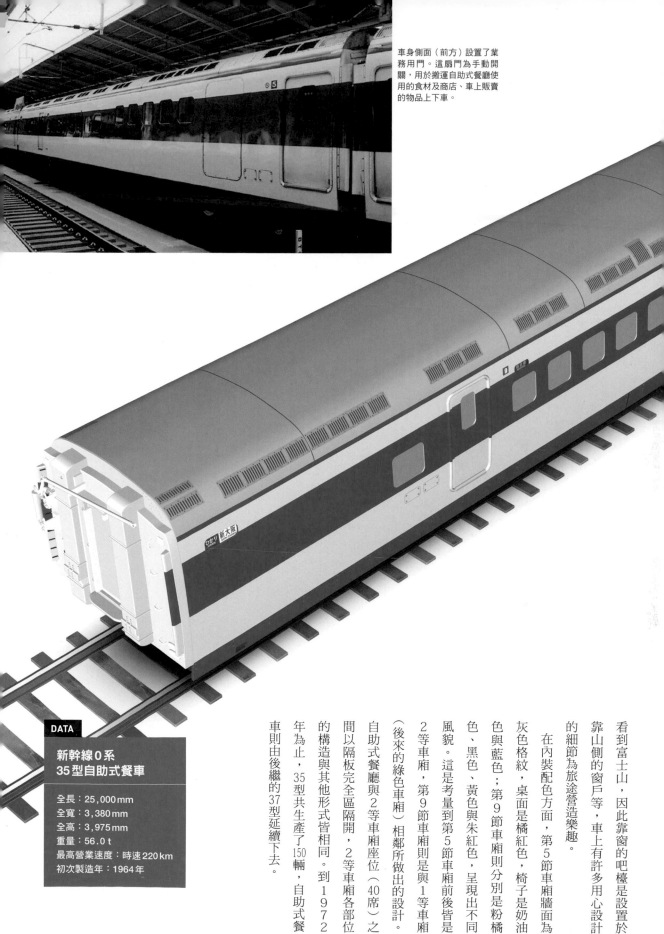

國鐵新幹線0系35型

內部的祕密

Inside

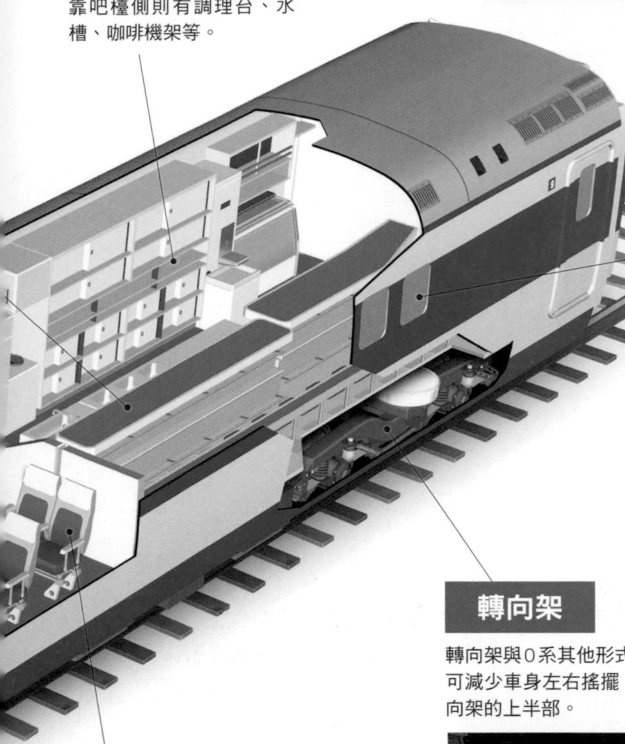

調理室

調理室的靠海側有飲料冷藏箱、冷水飲水機、碗盤架、電熱器架、微波爐、冰箱。靠吧檯側則有調理台、水槽、咖啡機架等。

靠山側車窗

考量到站在吧檯前的乘客，自助式餐廳的窗戶位置較普通座位高165mm。

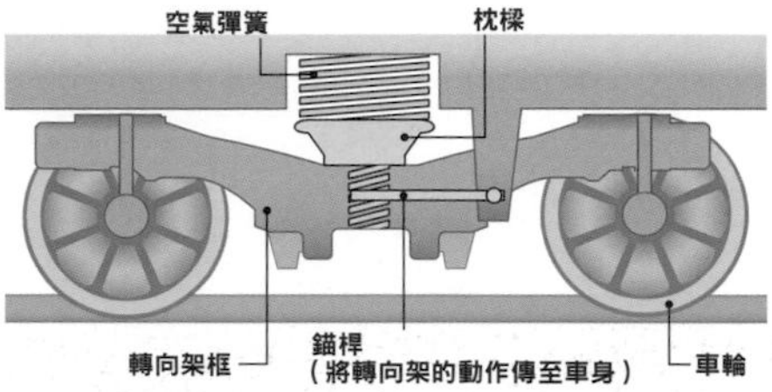

轉向架

轉向架與0系其他形式一樣採用DT200型。車身與枕樑之間裝有空氣彈簧，可減少車身左右搖擺。由於0系採用車身底座構造，平時從外部無法看到轉向架的上半部。

客室

客室營造出穩重的氣氛。2等車廂（普通車廂）以銀色系為基調，窗簾帶有花紋，絨布座椅為普魯士藍搭配銀灰色，餐桌表面為灰色並帶有紋路，踏板則是灰色1號。

為服務長時間搭車的旅客 新幹線也推出了餐車

1975年3月山陽新幹線通車至博多後，由於東京～博多的搭車時間達6小時以上，因此16節編組的「光」號之中掛上了餐車。

起初使用深藍色座椅等，內裝以冷色系為主。當時餐車的走道側沒有窗戶，後來為了滿足乘客想要看見富士山的願望，於是在走道側的牆壁裝上窗戶，內裝也做出改變，讓空間感覺更為開闊。由於提供豐富多樣的餐點，新推出的餐車引發了熱烈討論。

結合自助式餐廳與客室的複合式車廂

牆面上有類比式的車速表，讓乘客即時得知以時速200km行駛的感受。

自助式餐廳

靠調理室一側的吧檯為寬350mm，距離地面1050mm；靠窗側的吧檯為了方便乘客用餐則是寬300mm，距離地面700mm。吧檯表面的材質為不易刮傷的美耐皿塑膠板，靠窗側的吧檯裝有13張固定於地面的FRP製旋轉椅。

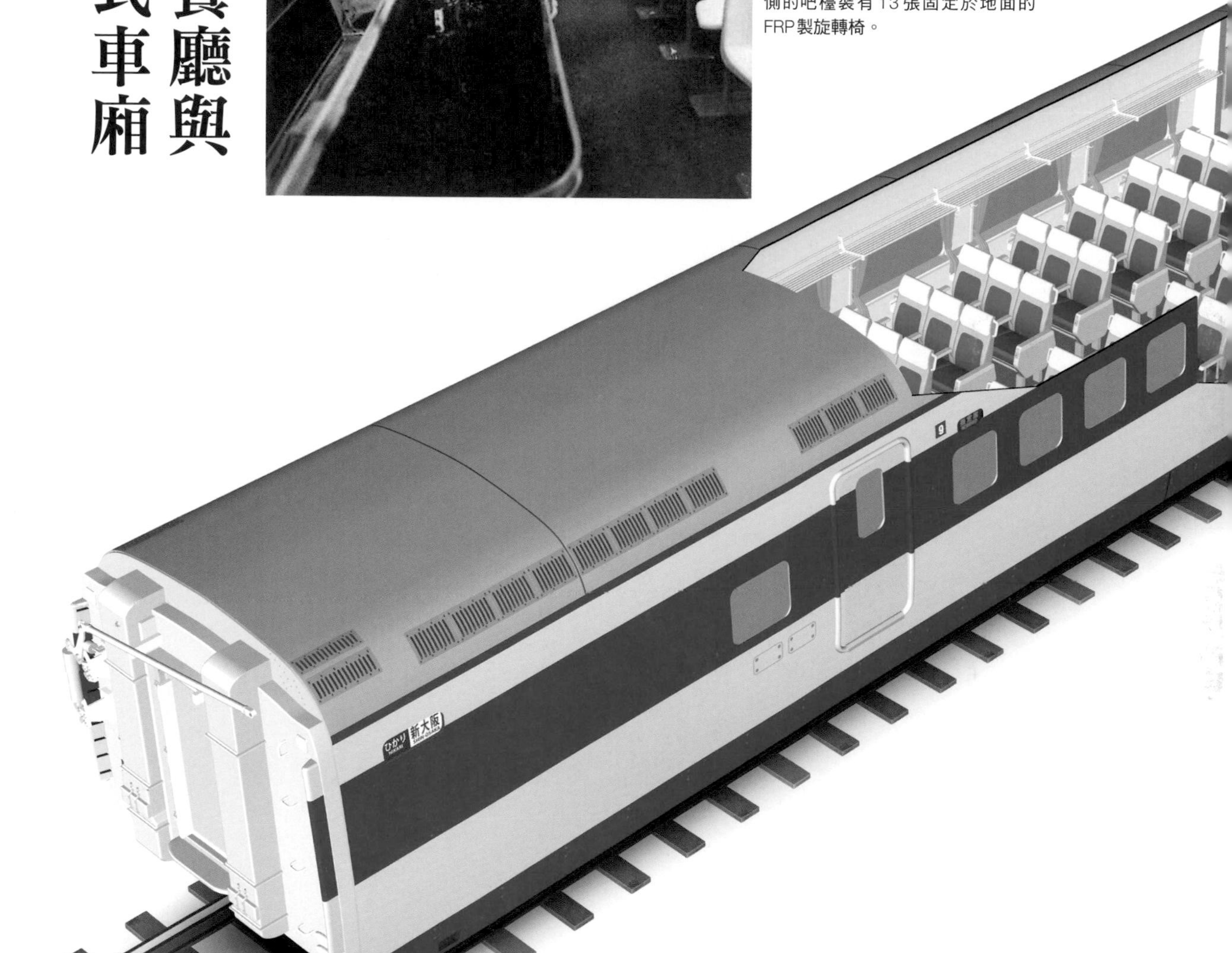

自助式餐廳的靠海側是調理室，吧檯席則是面向靠山側的窗戶，調理室配備了當時最新式的烹調器具。自助式餐廳內還有即時顯示列車所在地的「列車位置顯示裝置」及公用電話（電話室），深受乘客喜愛。

在通車之初，第5節與第9節車廂用的35型兩節車廂方向一致，自助式餐廳位在靠大阪側，2等車廂為靠東京側。35型在8年的時間中總共生產了150輛，後繼的37型則將自助式餐廳的空間縮小，並放棄了設置座位的構想。

JR東日本新幹線E1系
所有車廂皆為2層設計的高運量型新幹線車輛

E1系所有車輛皆採2層構造，希望透過提升每節車廂的載客數加強運輸能力。1994年開始上路後內裝及外觀都曾進行翻新，最後在2012年功成身退。

2003年進行了內裝及外觀的翻新，展現出截然不同的形象。

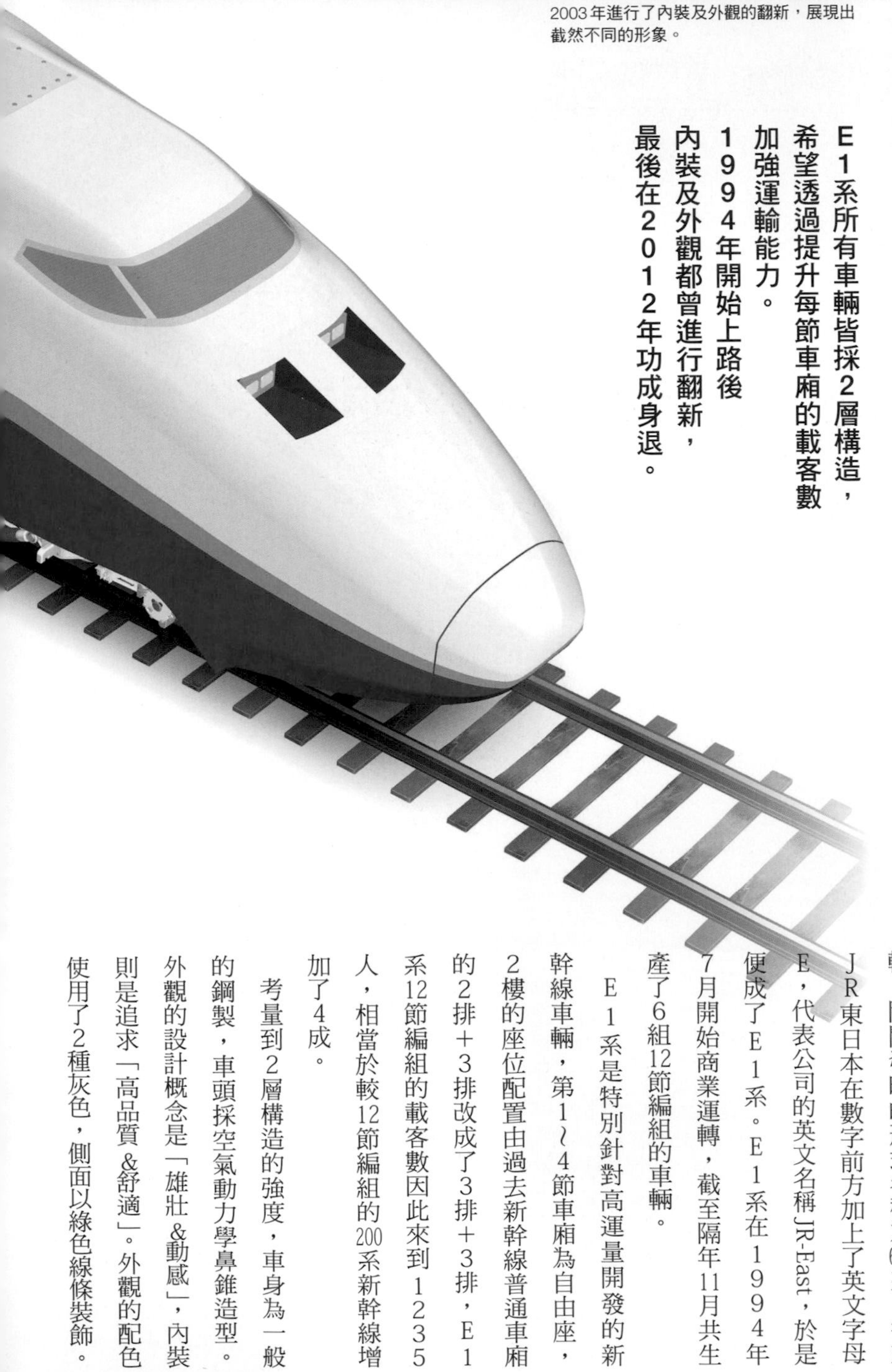

為了高運量特別打造所有車廂皆為2層設計

JR為因應東北、上越新幹線乘客增加，並確保新幹線通勤的運輸能力，決定開發車廂皆為2層設計的新幹線車輛。剛開發時的形式名稱為600系，後來JR東日本在數字前方加上了英文字母E，代表公司的英文名稱JR-East，於是便成了E1系。E1系在1994年7月開始商業運轉，截至隔年11月共生產了6組12節編組的車輛。

E1系是特別針對高運量開發的新幹線車輛，第1～4節車廂為自由座，2樓的座位配置由過去新幹線普通車廂的2排＋3排改成了3排＋3排，E1系12節編組的載客數因此來到1235人，相當於較12節編組的200系新幹線增加了4成。

考量到2層構造的強度，車身為一般的鋼製，車頭採空氣動力學鼻錐造型。外觀的設計概念是「雄壯&動感」，內裝則是追求「高品質&舒適」。外觀的配色使用了2種灰色，側面以綠色線條裝飾。

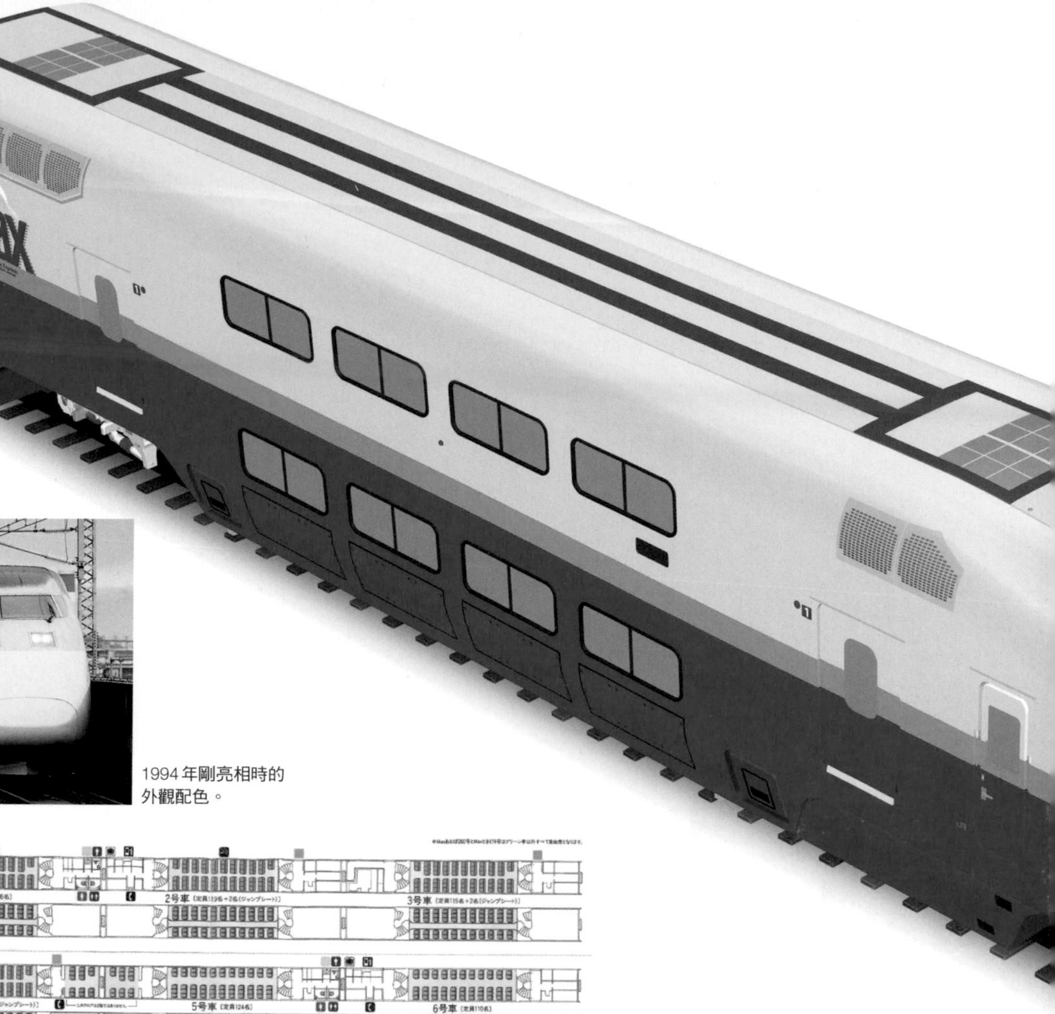

1994年剛亮相時的外觀配色。

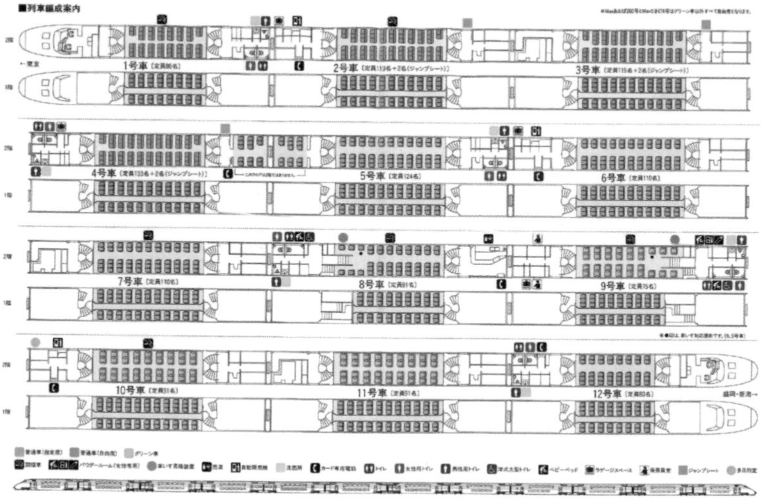

乘車簡介上的車輛編組說明。第1～4節車廂為自由座，5～12節車廂為對號座，9～11節車廂的2樓為綠色車廂。

車輛的暱稱為「Max」，是「Multi Amenity Express」的縮寫。除此之外，JR東日本也積極地替列車命名。在剛亮相時，行駛東北新幹線的列車便冠上了「Max山彥」號、「Max青葉」號的名稱，上越新幹線的列車則命名為「Max朝日」號、「Max朱鷺」號。

1999年12月改點後，E1系不再行駛於東北新幹線，僅在上越新幹線服務。

2003年10月起，E1系車輛進行了大規模翻新。外觀塗裝改為白色與藍色，並加上名為朱鷺色的粉紅色線條裝飾。而在內裝部分，普通車廂的座位改成了E4系，綠色車廂的座位改成了E2系的樣式。在進行翻新後，E1系車輛仍持續活躍於上越新幹線，後來在2012年9月結束定期行駛。

DATA

JR東日本新幹線 E1系

全長：26,050mm
全寬：3,380mm
全高：4,485mm
重量：692.3t（編組重量）
最高運轉速度：時速240km
初次製造年：1994年

JR東日本新幹線E1系

Inside

內部的祕密

E1系是JR東日本首款採用VVVF逆變器控制的車輛。雖然是12節固定編組，但4節為1單元，列車由3單元連接而成。最高運轉速度為時速240km，相較於運轉速度，開發時更著重在提升運量。各類機械配置於車輛兩端的地板下方、1樓與2樓以螺旋階梯連接等設計都是為了確保載客數，旅客上下車的車門也從平常的700mm加大到了1050mm。

第1～4節車廂為自由座，2樓部分的座椅為3排＋3排，可供6人乘坐。自由座車廂的1樓與對號座為2排＋3排，第9～11節車廂2樓為綠色車廂，座椅為2排＋2排。新幹線的2層車輛後來由E4系接替，E1系則是在2012年退役，第一節車廂目前於鐵道博物館展示。

車頂

各種機械都以護罩蓋住，因此車頂看起來非常清爽俐落。地板下方的行駛相關機械集中在車廂兩端。線條部分有防滑效果，在保養維修時供作業人員於車頂行走。

控制台

車頭採用空氣動力學鼻錐，控制台部分則是稍微隆起的頂篷型。

轉向架

只有從動輪的TR7003轉向架（電動轉向架為DT205）。JR東日本在E1系首度採用VVVF逆變器控制，制軔系統為再生制軔併用電子控制氣動制軔，這也是JR東日本首度於新幹線車輛採用再生制軔。

將車輛尺寸加大到極限 讓列車能夠載運更多旅客

2樓

第1節至第4節車廂的2樓部分走道兩側皆為3人用座椅。3個座位為一體式設計，而且沒有扶手，也不具備向後傾倒的功能。但因為車窗視野良好，因此得到好評。

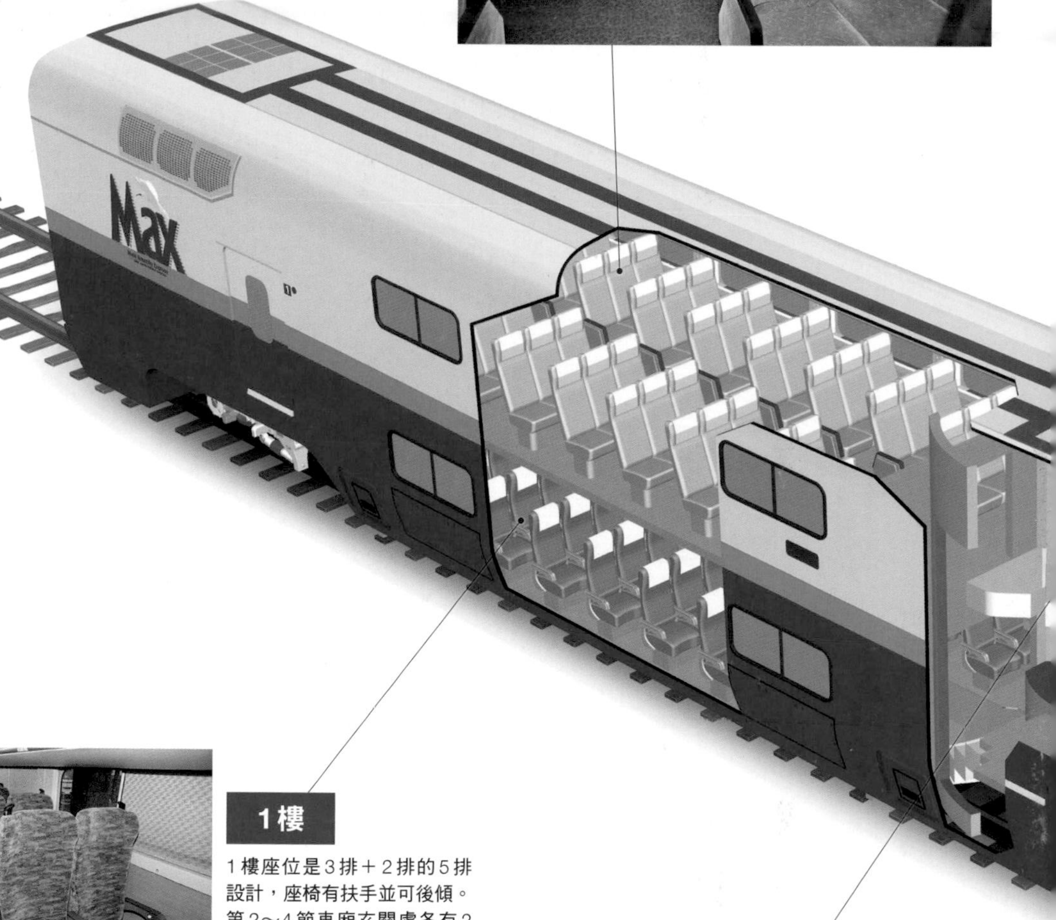

1樓

1樓座位是3排＋2排的5排設計，座椅有扶手並可後傾。第2～4節車廂玄關處各有2張收納於牆面的可收折座椅（折疊式輔助座椅）。

螺旋階梯

螺旋階梯是從玄關處前往1樓、2樓的必經之處。由於車上販賣服務的推車無法上下樓梯，因此車上設有商店及販賣機。

遍及全日本的

新幹線路網

2022年西九州新幹線通車後，進一步擴大了日本的新幹線路網。自東海道新幹線通車以來經過約60年，新幹線的路線總長已突破3100km。

北海道新幹線

新青森～新函館北斗

- JR北海道
- 2016年3月
- 148.8km
- 4站
- 57分（新青森～新函館北斗／隼號）
- 時速260km

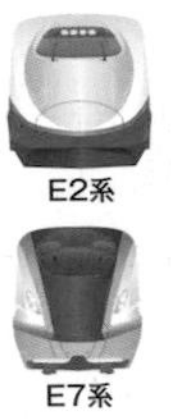

上越新幹線

大宮～新潟

- JR東日本
- 1982年11月
- 269.5km
- 10站
- 1小時36分（東京～新潟／朱鷺號）
- 時速240km

東北新幹線

東京～新青森

- JR東日本
- 1982年6月（2010年全線通車）
- 674.9km
- 23站
- 2小時58分（東京～新青森／隼號）
- 時速320km

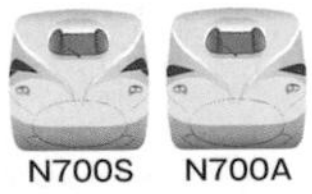

東海道新幹線

東京～新大阪

- JR東海
- 1964年10月
- 515.4km
- 17站
- 2小時22分（東京～新大阪／希望號）
- 時速285km

［凡例］

- 營運公司
- 通車（全線）
- 路線長
- 站數
- 最短車程
- 最高速度

無畏一路上的各種考驗 建立起超過3100km的路網

1964年通車的東海道新幹線（東京～新大阪間）因受惠於高度經濟成長期及觀光熱潮，1968年時每天的平均搭乘人數已從通車首年度的約6萬人成長到約18萬人。在此盛況的帶動下，國鐵打出了「搭上光號往西去」的口號，從新大阪進一步拓展路線，在1975年延伸至博多，完成了東海道、山陽新幹線的全線通車。

但國鐵在此時的經營日益惡化，令新幹線建設新路線的計畫籠罩了一層陰影。不過基於1970年施行的全國新幹線鐵道整備法，東北、上越新幹線仍在1982年通車。

國鐵民營化改制為JR後，JR各公司都對興建新路線抱持審慎的態度。也因為這番考量，90年代通車的山形新幹線與秋田新幹線都是採用「迷你新幹線」的方式，也就是讓新幹線車輛行駛於在來線的軌道，藉此壓低工程費用。

東北新幹線的盛岡～新青森間與北海

新幹線各路線通車史

通車	路線	區間	距離（實際里程）
1964年10月1日	東海道新幹線	東京～新大阪	515.4
1972年3月15日	山陽新幹線	新大阪～岡山	160.9
1975年3月10日	山陽新幹線	岡山～博多	392.8
1982年6月23日	東北新幹線	大宮～盛岡	465.2
1982年11月15日	上越新幹線	大宮～新潟	269.5
1985年3月14日	東北新幹線	上野～大宮	27.7
1991年6月20日	東北新幹線	東京～上野	3.6
1992年7月1日	山形新幹線	福島～山形	87.1
1997年3月22日	秋田新幹線	盛岡～秋田	127.3
1997年10月1日	北陸新幹線	高崎～長野	117.4
1999年12月4日	山形新幹線	山形～新庄	61.5
2002年12月1日	東北新幹線	盛岡～八戶	96.6
2004年3月13日	九州新幹線	新八代～鹿兒島中央	126.8
2010年12月4日	東北新幹線	八戶～新青森	81.8
2011年3月12日	九州新幹線	博多～新八代	130.0
2015年3月14日	北陸新幹線	長野～金澤	228.1
2016年3月26日	北海道新幹線	新青森～新函館北斗	148.8
2022年9月23日	九州新幹線	武雄溫泉～長崎	66.0
			合計　3106.5

※藍字為迷你新幹線

E6系

秋田新幹線

盛岡～秋田

- JR東日本　▪ 1997年3月
- 127.3km　▪ 6站
- 3小時37分（東京～秋田／小町號）
- 時速130km

※僅標示主要車站

E3系

山形新幹線

福島～新庄

- JR東日本
- 1992年7月（1999年全線通車）
- 148.6km　▪ 11站
- 3小時11分（東京～新庄／翼號）
- 時速130km

※僅標示主要車站

E7系‧W7系

北陸新幹線

高崎～金澤

- JR東日本、JR西日本
- 1997年10月（2015年全線通車）
- 345.5km　▪ 13站　▪ 2小時27分（東京～金澤／光輝號）　▪ 時速260km

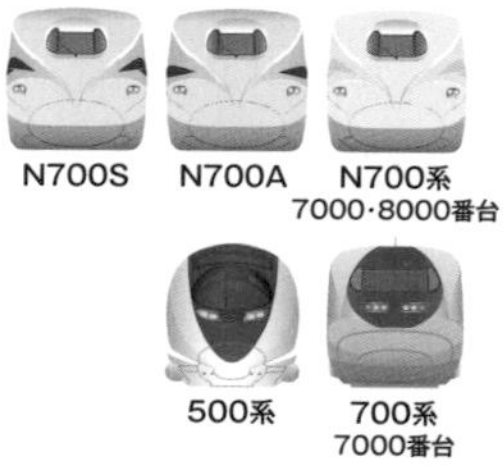
N700S　N700A　N700系 7000·8000番台
500系　700系 7000番台

山陽新幹線

新大阪～博多

- JR西日本　▪ 1972年3月（1975年全線通車）
- 553.7km　▪ 19站
- 2小時21分（新大阪～博多／希望號）
- 時速300km

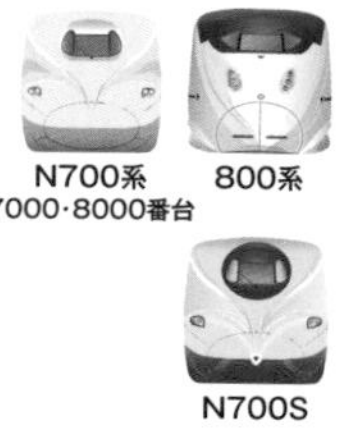
N700系 7000·8000番台　800系
N700S

九州新幹線

博多～鹿兒島中央（鹿兒島線）
武雄溫泉～長崎（西九州線）

- JR九州　▪ 2004年3月
- 322.8km　▪ 17站
- 1小時16分（博多～鹿兒島中央／瑞穗號）
- 時速260km

※截至2022年9月底之資料

行駛於西九州新幹線的N700S「海鷗」號車身的紅色線條十分醒目。

道、北陸、九州等新幹線，則是採鐵道建設暨運輸設施整備支援機構（鐵道暨運輸機構）負責興建，並租借給JR的「整備新幹線」方式推動興建。九州新幹線的西九州線（西九州新幹線）也終於在2022年9月通車。

新幹線如今已有9條路線，形成了超過3100km的巨大路網，堪稱是鐵路大國日本的「門面」。

回顧新幹線提升速度的歷史

克服噪音問題 最高時速突破300km

第一代新幹線的0系最高時速為210km，
憑藉驚人的高速運轉在當時掀起一股旋風。
接下來在追求更高的速度時面臨了噪音問題，
為兼顧低噪音與高速運轉，
在開發車輛時運用了各種最新科技，
持續求新求變，終於突破時速300km大關。

新幹線初期車輛演進史

鼻子尖尖的模樣很討喜

100系

1985年於東海道、山陽新幹線登場，一開始被稱為「New新幹線」。特色是車頭部分尖銳的鼻錐，最高時速為220km（後來達到230km）。這也是新幹線首次出現2層的車廂，2樓部分為餐車，1樓則有包廂。

被稱為「夢幻超特急」的第一代新幹線

0系

在1964年東海道新幹線通車的同時登場，被暱稱為「夢幻超特急」，東京～新大阪間的行車時間僅3小時10分（起初為4小時）。過去往返東京大阪間原本都需要兩天一夜，如今兩地已經成了一日生活圈。

造型銳利簡潔的「鐵面具」

300系

為用於東海道、山陽新幹線的「希望」號所開發，於1992年登場。採用鋁合金以利輕量化，最高時速達270km。將東京～新大阪間原本接近3小時的車程縮短至2小時30分。

特別針對雪地打造

200系

於1982年東北新幹線、上越新幹線通車時登場。基礎來自於0系，不過為了因應寒冷地區的環境，特別進行了耐寒、耐雪的改裝，車頭裝有巨大的除雪排障器。車身為鋁製以減輕重量。

後繼車款為700系、N700系（N700A）等

後繼車款為E5系、E6系、E7系等

國鐵民營化改制為JR後 快馬加鞭進行速度提升

日本高速鐵道計畫的始祖是1939年提出的「子彈列車計畫」。由於當時東海道、山陽本線的運量已達極限，因此計畫在東京～下關間新建專為高速運轉打造的標準軌路線，目標是東京～大阪間車程4小時30分，東京～下關間車程9小時。這項計畫因太平洋戰爭戰況惡化而中斷，最後就此消失，但無疑地是新幹線開發最早的基礎。

戰後進行重建之際的1947年，由國鐵備受矚目的工程師島秀雄領軍，進行了湘南電車計畫。當時仍是長距離行駛必須依賴機車頭牽引的時代，因此這項計畫打造出的80系新型電聯車開創了

因速度提升
而產生的活塞效應

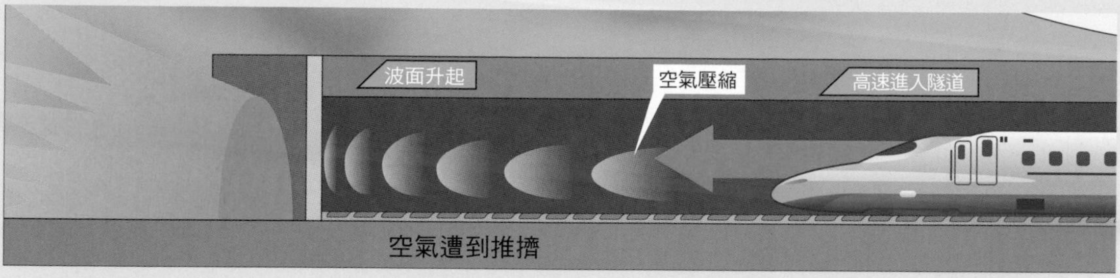

活塞效應會引發噪音

新幹線列車高速進入隧道時，隧道內的空氣會急遽壓縮，名為「隧道微壓波」的空氣波會傳至隧道出口端，有如活塞一般，引發巨大噪音。山陽新幹線由於隧道數量多，1975年全線通車後噪音問題便特別受到關注。

2007年登場的東海道、山陽新幹線N700系。車頭為有如鳥張開翅膀般的「氣動雙翼」造型，能夠減少隧道微壓波，並將鼻錐設計得更小以確保客室空間。

兼顧降低噪音與高速運轉

發生活塞效應的原因在於車頭部分的形狀。經過研究後，研發人員從飛入河中捕食魚類的翠鳥得到靈感，發現將車頭做成類似翠鳥鳥喙的形狀能夠避免活塞效應。行駛於東海道、山陽新幹線的500系便是由此誕生，後續開發的700系、N700系也延續了這樣的概念。

500系尖銳的車頭部分非常有特色。1997年登場時以全世界最快的時速300km運轉，博得了高人氣。

攝影／坪內政美

長距離電聯車這條新的道路。

同時期的私鐵則有架懸式驅動、硬殼式結構車身等新技術相繼登場。小田急電鐵為了與湘南電車抗衡，著手開發3000型「SE」（→P.16）。由於認為這項開發有助於國家整體利益，因此直屬於國鐵的鐵道技術研究所提供了全面支援。1957年9月，在國鐵提供東海道本線進行的試車中，創下了全世界窄軌鐵路最快的紀錄，時速達到145km。從中獲得的經驗也為東海道新幹線0系帶來重大影響。

由於0系的最優先任務是在1964年秋天東京奧運開幕前通車，因此只是改良了既有技術，在短期間內開發出來。儘管如此，為了達成以時速200km運轉的目標，仍舊必須開發減少空氣阻力及車身震動的技術，因此組成由航空工程專家三木忠直帶領的實驗團隊，並在後來決定採用半球形的流線造型。在此時空背景下誕生的0系成為了全世界第一款以時速210km高速運轉的鐵路車輛。由於品質受到好評，0系在此後持續生產了22年。

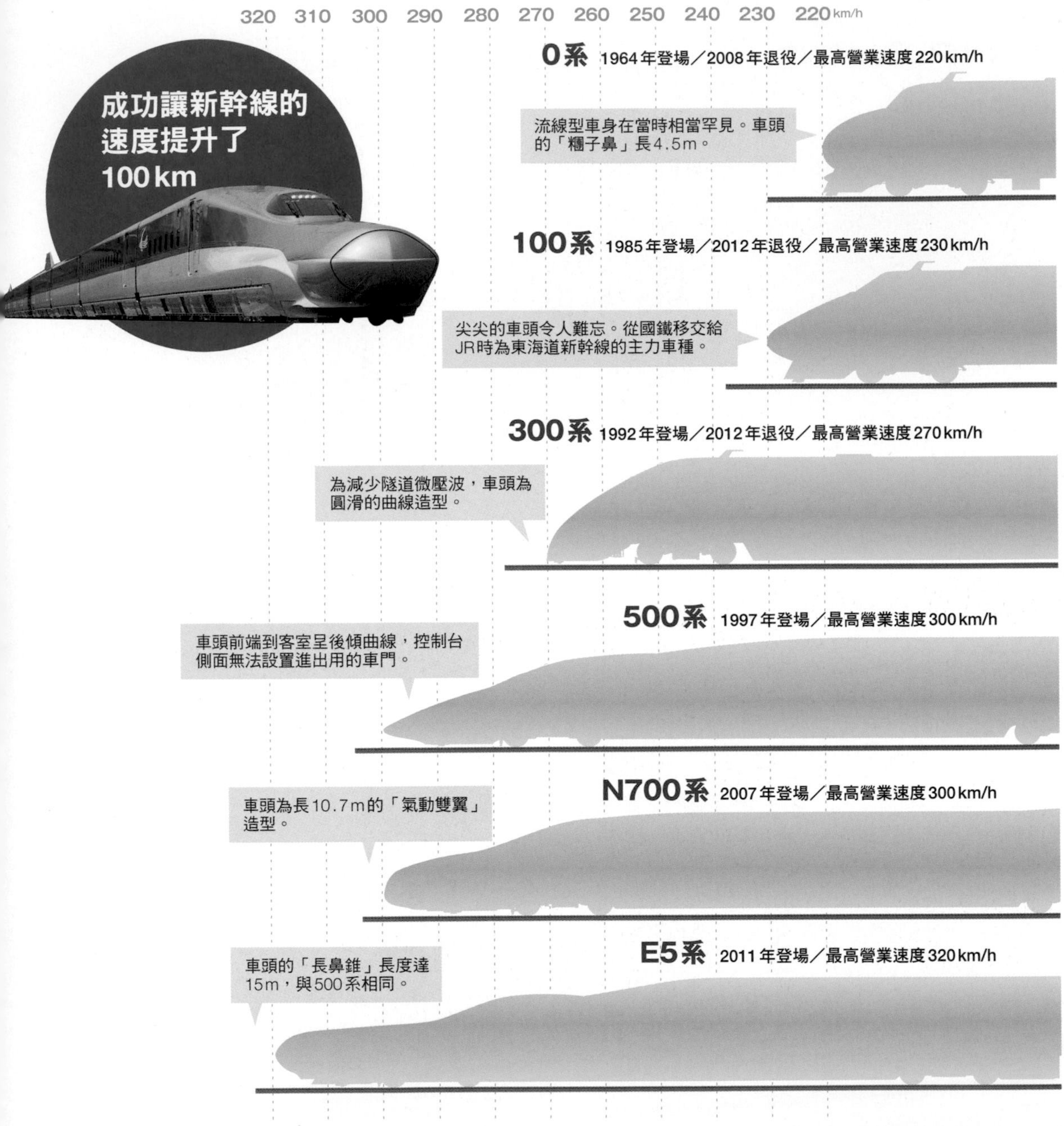

成功讓新幹線的速度提升了100km
320 310 300 290 280 270 260 250 240 230 220 km/h
0系 1964年登場／2008年退役／最高營業速度220km/h
流線型車身在當時相當罕見。車頭的「糰子鼻」長4.5m。
100系 1985年登場／2012年退役／最高營業速度230km/h
尖尖的車頭令人難忘。從國鐵移交給JR時為東海道新幹線的主力車種。
300系 1992年登場／2012年退役／最高營業速度270km/h
為減少隧道微壓波，車頭為圓滑的曲線造型。
500系 1997年登場／最高營業速度300km/h
車頭前端到客室呈後傾曲線，控制台側面無法設置進出用的車門。
N700系 2007年登場／最高營業速度300km/h
車頭為長10.7m的「氣動雙翼」造型。
E5系 2011年登場／最高營業速度320km/h
車頭的「長鼻錐」長度達15m，與500系相同。

但在另一方面，國鐵在新幹線通車後財政急速惡化，因而削減技術開發預算。1975年山陽新幹線全線通車後，雖然進行了0系的改良，但只是不斷增加新設備。新幹線的高速化因此停滯不前，1982年相繼通車的東北、上越新幹線的200系最高速度仍停留在210km。

這種狀況直到國鐵分割、民營化後才出現明顯轉變。東北新幹線部分列車的最高時速在1985年提升到了240km，東海道新幹線部分列車的時速則在86年提升至220km。

新幹線在1987年由國鐵移交至JR後，正好遇上泡沫經濟使得旅客需求激增，JR因此希望透過推出新型車輛提升服務。JR東海在88年提出了「超級光號」的構想，最終的成果便是300系。1992年開始上路的300系「希望」號最高時速為270km，大幅提升了新幹線的速度。

開發300系時，JR發現列車進入隧道時產生的「隧道微壓波」會產生巨大噪音，因此300系以後的車輛在設計時都

東海道、山陽新幹線最新車輛

「N700S」很不簡單！

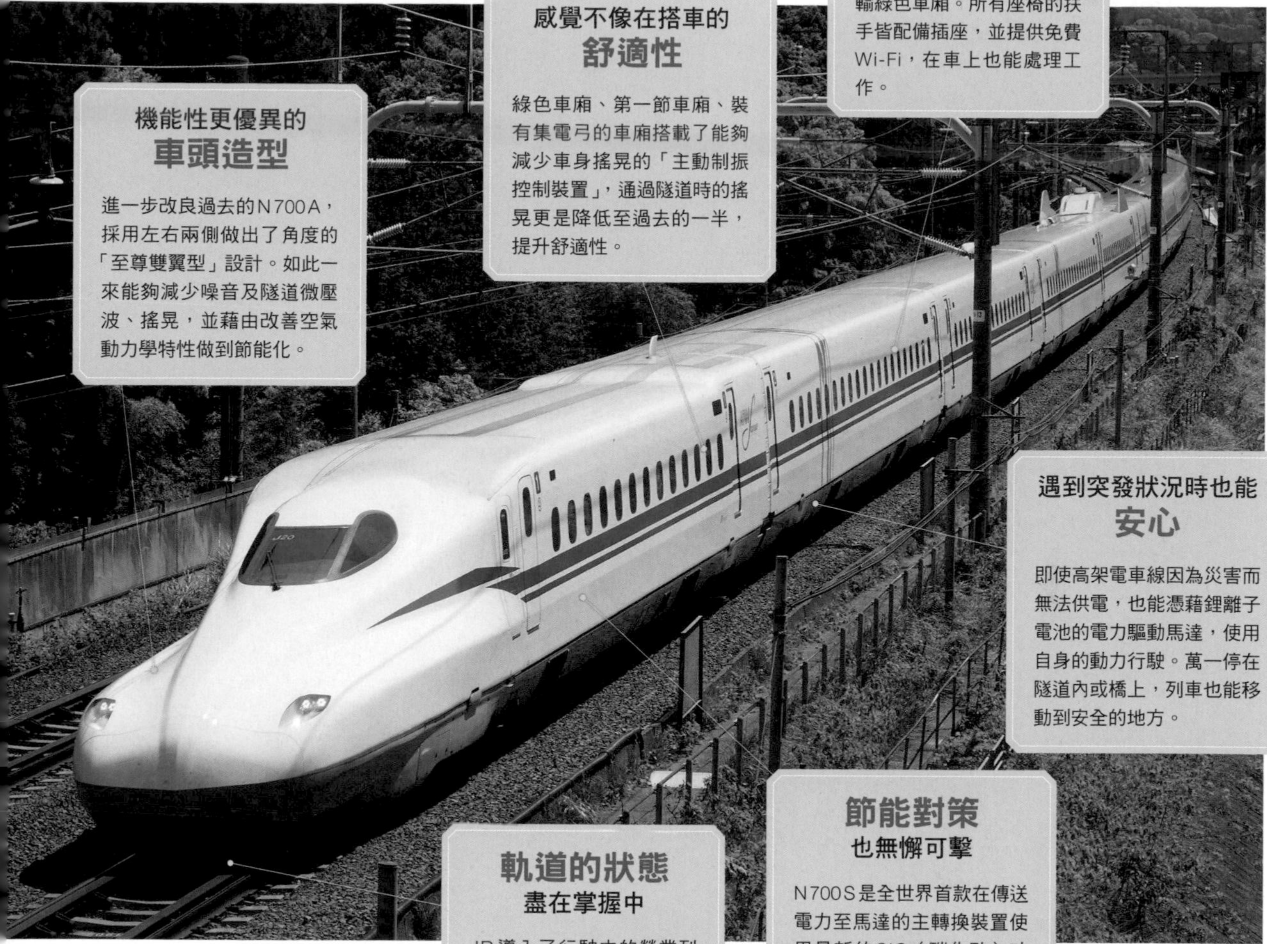

所有座位進行 全面升級

普通車廂的座椅也能夠配合椅背傾倒而下沉，舒適度不輸綠色車廂。所有座椅的扶手皆配備插座，並提供免費Wi-Fi，在車上也能處理工作。

感覺不像在搭車的 舒適性

綠色車廂、第一節車廂、裝有集電弓的車廂搭載了能夠減少車身搖晃的「主動制振控制裝置」，通過隧道時的搖晃更是降低至過去的一半，提升舒適性。

機能性更優異的 車頭造型

進一步改良過去的N700A，採用左右兩側做出了角度的「至尊雙翼型」設計。如此一來能夠減少噪音及隧道微壓波、搖晃，並藉由改善空氣動力學特性做到節能化。

遇到突發狀況時也能 安心

即使高架電車線因為災害而無法供電，也能憑藉鋰離子電池的電力驅動馬達，使用自身的動力行駛。萬一停在隧道內或橋上，列車也能移動到安全的地方。

節能對策 也無懈可擊

N700S是全世界首款在傳送電力至馬達的主轉換裝置使用最新的SiC（碳化矽）功率半導體的車輛。由於發熱較少，因此能夠簡化冷卻裝置，做到大幅的小型、輕量化，有助於節能。

軌道的狀態 盡在掌握中

JR導入了行駛中的營業列車能夠測量軌道及電力設備狀態的系統，並將測量儀器搭載於N700S部分編組，讓保養維修作業更有效率。

N700S於2020年開始量產。由於加大了車身斷面，因此車內空間較包括700A在內的過去車種更為寬敞。

採用能夠減少隧道微壓波的車頭造型。

JR西日本在1995年推出了名為「WIN350」的計畫，希望實現新幹線以時速350km運轉的目標。97年登場的500系便是這項計畫的成果，為了減少隧道微壓波，500系的鼻錐長達15公尺。

同一年上路的JR東日本的E2系也採用了減少隧道微壓波，並能行駛到275km的構造。2000年時JR東日本發表了新幹線進一步高速化的構想，2005年開始使用高速試驗電聯車「FASTECH360」進行實驗。東北、北海道新幹線的E5系便是以此時的試驗車為基礎量產化而來的。為了減少阻礙高速行駛的振動，所有車輛皆搭載主動式懸吊。2011年登場時的最高運轉速度為時速300km，2013年時更提升至時速320km，與後來登場的JR北海道H5系及E6系同為日本目前速度最快的車輛。

至於東海道、山陽新幹線在2020年則有N700S登場，由於集結了各種最新科技，因此成為眾所矚目的焦點。

從頭認識磁浮中央新幹線

新型車輛將以夢幻的時速500公里奔馳！

磁浮中央新幹線的目標是將品川～名古屋間的車程縮短至40分鐘，沿線地區正為了通車大興土木。２０２０年開始行駛的Ｌ０系改良型試驗車已經在山梨磁浮實驗線以時速500km行駛，到目前為止的表現相當穩定。

反覆進行測試 為未來的通車做好準備

日本早在東海道新幹線通車前的１９６２年，便已經開始進行將東京～大阪間的車程縮短為1小時的超高速鐵道相關研究。１９７２年時，實驗車輛首次在200公尺的實驗線上成功懸浮行駛。１９７７年時在宮崎縣打造了正式的實驗線，並在2年後的無人行駛時創下時速517km的紀錄。

１９９７年開始在山梨磁浮實驗線展開正式試車，２００３年時以有人行駛締造時速581km的世界紀錄。國土交通省的超電導磁鐵懸浮式鐵道實用技術評價委員會在2年後做出了「可以判斷已經建立起實用化的基礎技術」的評價。

新型的Ｌ０系改良型試驗車是以誘導集電方式取得電力，耗電及車外噪音的降低、車內舒適度的提升等都較Ｌ０系做出了改進。目前Ｌ０系與Ｌ０系改良型試驗車這2種車輛仍持續不斷於山梨實驗線行駛，努力為磁浮中央新幹線通車做準備。

磁浮中央新幹線內部的祕密

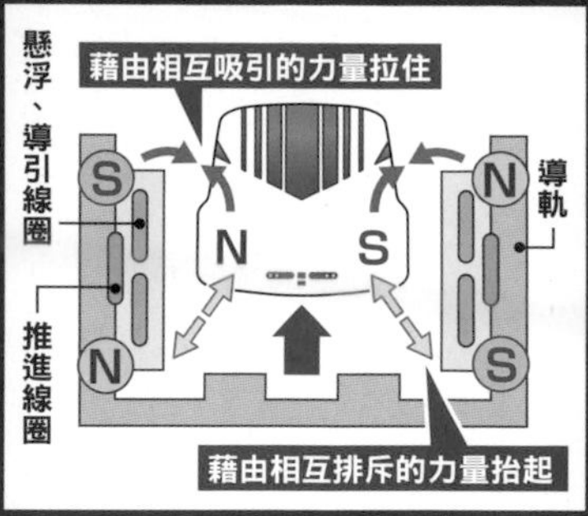

利用磁鐵的原理使車輛懸浮前進

車輛之所以能懸浮前進，是利用了磁鐵的原理。導軌有懸浮、導引線圈，藉由與車身的超導磁鐵間的作用產生相吸與相斥的力，使車輛懸浮。導軌的推進線圈與車身的超導磁鐵間產生的吸力與斥力則使車輛前進。

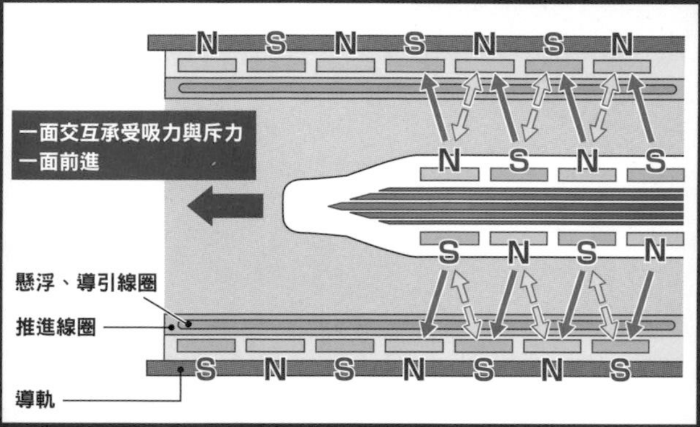

由車輪行駛轉換為懸浮行駛加速前進

起步時是以支撐輪行駛，到達時速150km後，支撐輪會收進車身內，切換為懸浮行駛。另外，車身側面有導引輪，與支撐輪一樣，在時速150km時會收進車身內。轉換成懸浮行駛後會大幅加速，數分鐘便達時速500km。

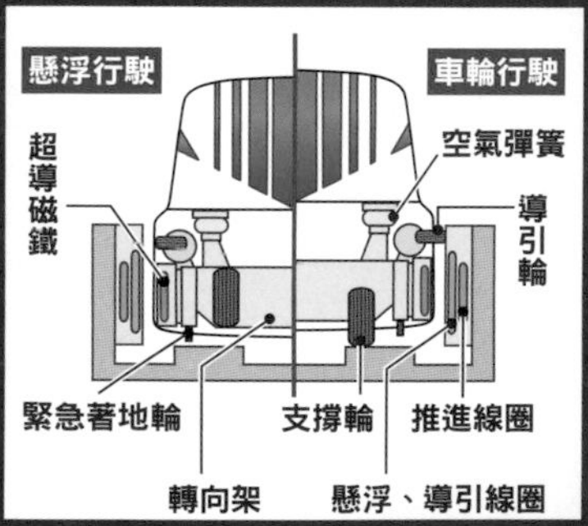

行駛於山梨磁浮實驗線區間的L0系改良型試驗車。

品川～名古屋間預計停靠4站

磁浮中央新幹線共有6站，分別是品川、相模原、甲府、飯田、中津川、名古屋，目標是2027年通車，但也有可能因為工程狀況而延後通車。品川～名古屋通車後預計著手興建名古屋～大阪路段，此路線的目標是2037年通車。

為了磁浮中央新幹線新設的名古屋站正在興建中。車站地下深度30～40公尺，預計建為東西走向。

行駛於千葉市中心的0型。有些路段感覺就像在大樓的縫隙間穿梭。

千葉都市單軌電車0型

有如漫步於空中般以「天空」為概念的車輛

千葉都市單軌電車是全世界營業距離最長的懸掛式單軌電車，主力車輛便是0型。車廂的玻璃配置經過精心設計，營造出有如漫步空中般的飄浮感，因此被暱稱為「URBAN FLYER」。

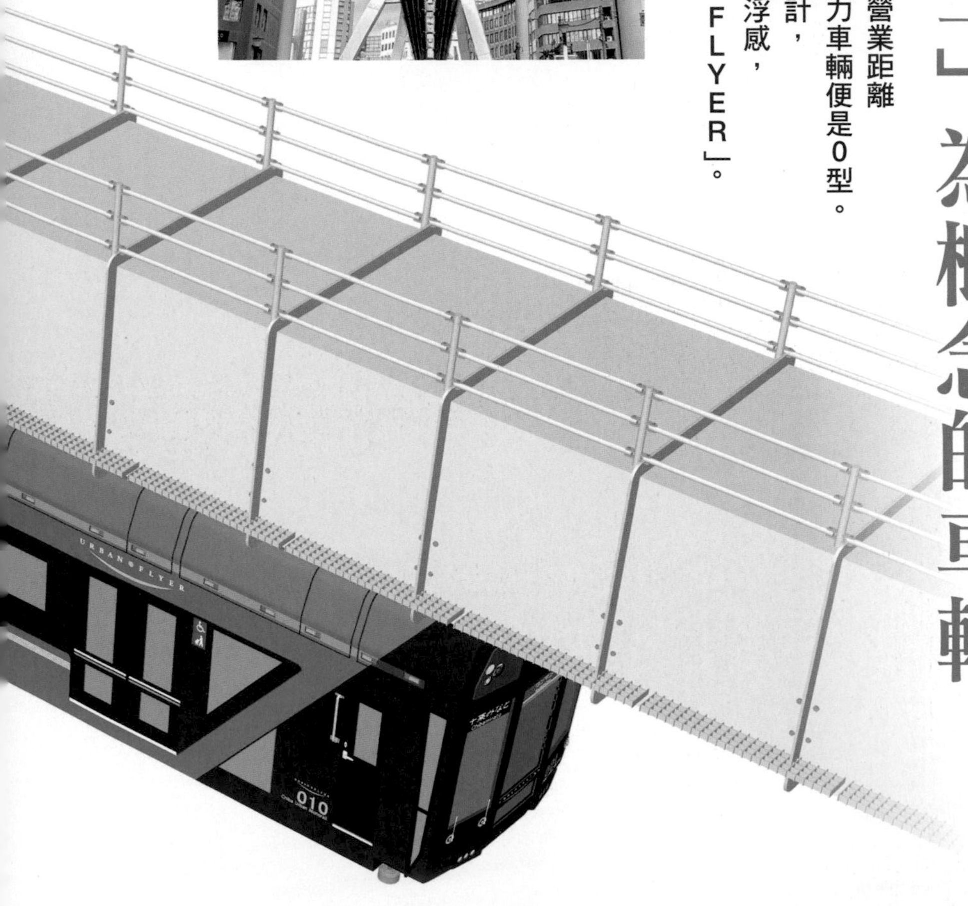

為汰換老舊的1000型於2012年開始運轉

千葉都市單軌電車是SAFEGE型的懸掛式單軌電車，有從千葉市內的千葉港站至縣廳前站的1號線，以及千葉站至千城台站的2號線兩條路線，營業距離達15．2km，被金氏世界紀錄認定為「全世界營業距離最長的懸掛式單軌電車」。最初在1988年通車，1999年時完成了現在的路線。

為了汰換自通車時就開始服務、已經日益老舊1000型，新生產的營業用車輛0型自2012年開始商業運轉。1節車廂長14．8公尺，載客數78人。車身為鋁合金製，兩側各有2扇車門，以2節為1單元。最高速度是時速65km。

千葉市決定導入新車輛時，設置了由具備深厚設計、鐵道車輛造詣的各界賢達人士組成的「新型車輛設計檢討委員會」，經過多次討論後，為了傳達將懸掛式單軌電車打造為城市象徵的訊息，決定使用「天空」當作基本概念，在此基礎上進行設計。

0型藍色與黑色的時尚設計讓人印象深刻。鮮豔的藍色在市區之中更顯得美麗。

駕駛室有一部分為玻璃地板，可以直接看到正下方，營造出開闊感。

DATA

千葉都市單軌電車 0型

全長：14,800mm
全寬：2,580mm
全高：3085mm
重量：21.5t
最高營業速度：時速65km
初次製造年：2012年

車身以象徵天空的鮮豔藍色為基調，車頭與側面窗戶、車門部分則為黑色，採雙色塗裝。乘務員專用門後方的斜線表現出升往天空的意象，充滿設計感。

車廂內為長條型座位，座椅採黑底絨布搭配橘色頭枕的分離式設計，車廂兩端的優先座位則使用相反的配色加以區別。為了營造出宛如漫步空中的飄浮感，車門的玻璃較過去的車輛面積更大，駕駛室並有一部分為玻璃地板，讓空間更顯明亮開闊。

另外，車身許多地方都可以看到0型的專屬標誌，這個標誌是由過去的地方勢力千葉氏家族的家紋——月星紋變化而來的。

千葉都市單軌電車旗下共有8組2節編組的0型。之所以用0型而不是2000型命名1000型的後繼車種，是因為在命名形式名稱之前，已經先決定使用「URBAN FLYER」做為暱稱，為了讓縮寫變成「UFO」，因此將形式名稱取為「0型」。

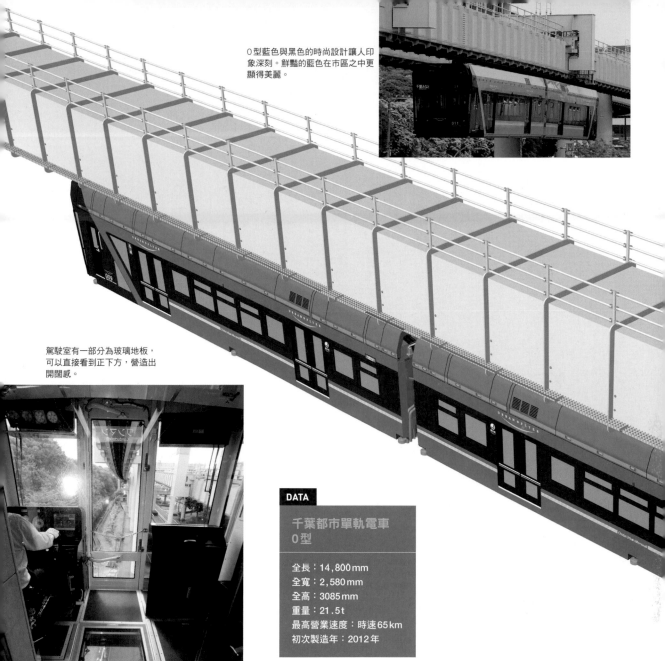

千葉都市單軌電車0型

內部的祕密

Inside

由於行駛的路面位於軌道樑內，可避免受到雨、雪等天候影響。另外也有減少噪音、振動的效果。

轉向架

轉向架是在箱型軌道樑內行駛。轉向架除了馬達外，還裝有行駛輪、導引輪、集電裝置等。

箱型軌道樑的內部

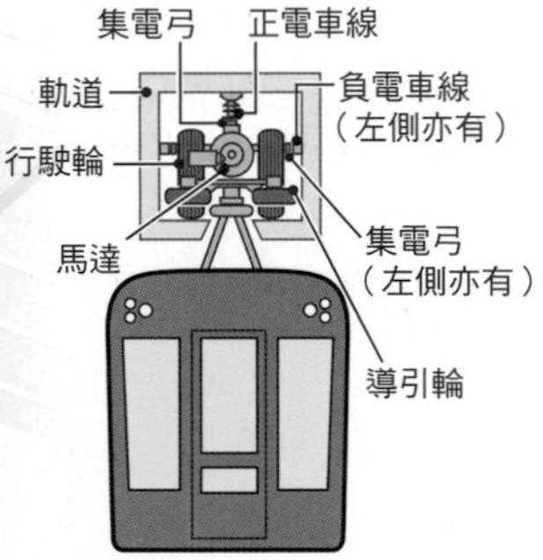

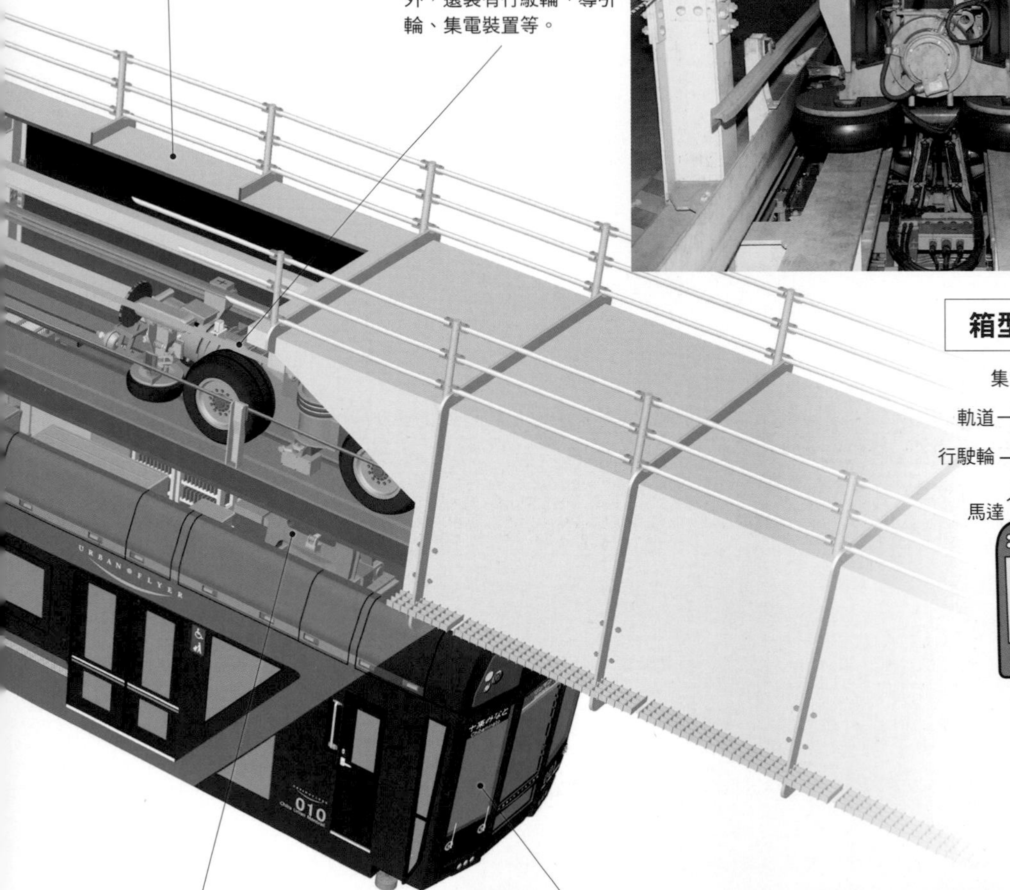

連結車身與轉向架的懸掛連桿。

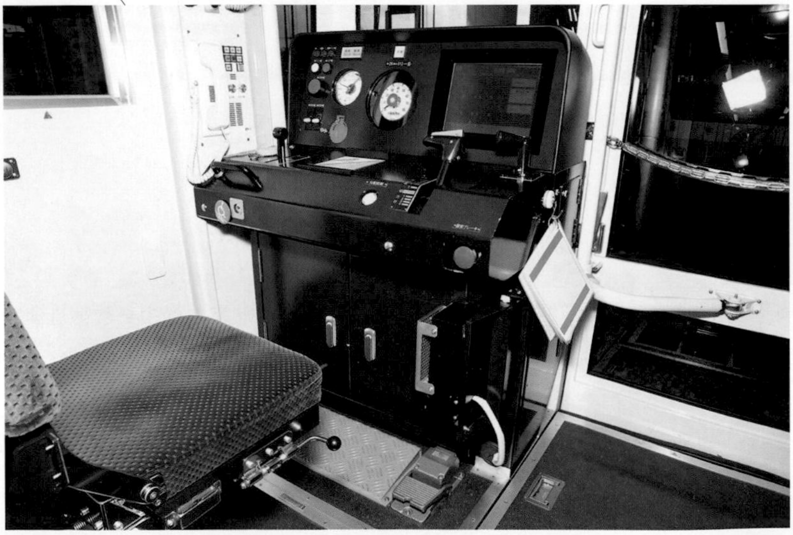

駕駛室

駕駛裝置與駕駛座位於面向前方的左側。前端中央部分為緊急用貫通門。

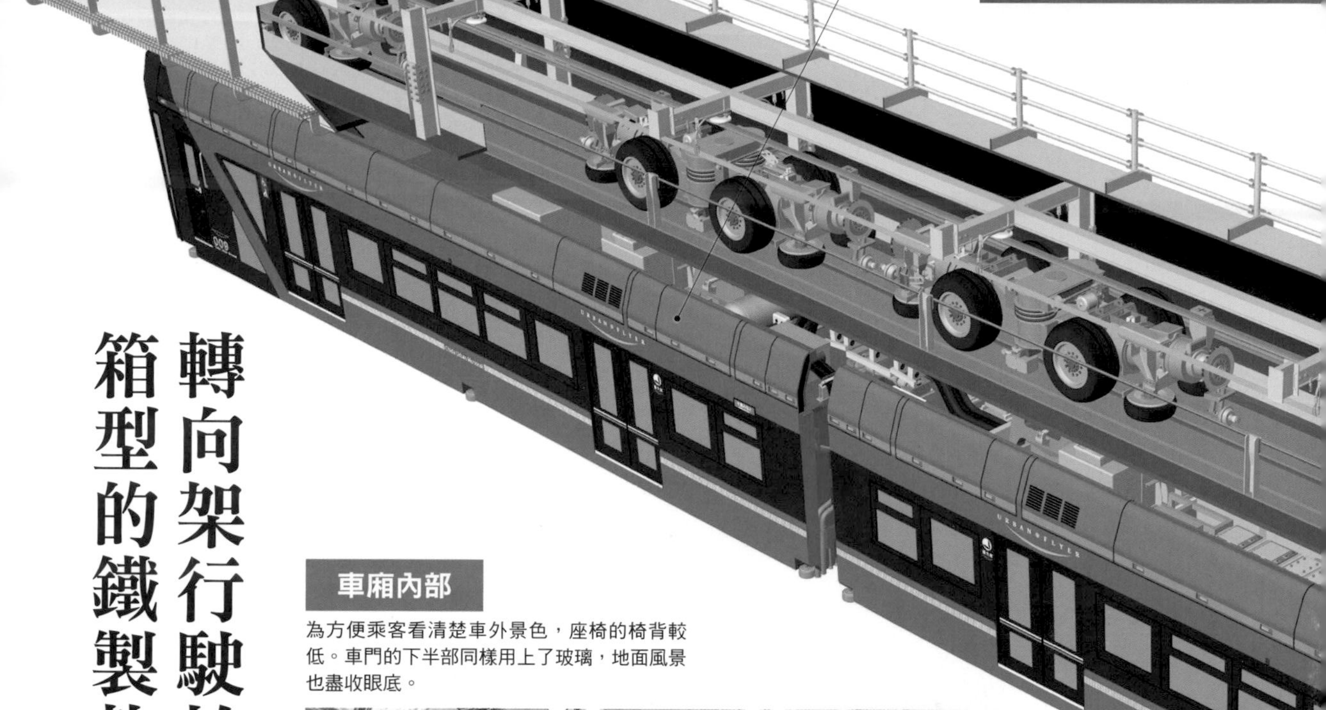

側板內部

車身上方的側板內裝有氣槽等。

轉向架行駛於箱型的鐵製軌道樑內

車廂內部

為方便乘客看清楚車外景色，座椅的椅背較低。車門的下半部同樣用上了玻璃，地面風景也盡收眼底。

一般鐵道車輛的行駛相關機械是位在地板下，0型則是幾乎都在車頂，由於轉向架位在箱型軌道樑內，從外面無法看見。每節車廂裝有2具2軸轉向架，行駛輪為直徑1050mm的混鋼絲橡膠輪，從軌道樑內側抵住側面的導引輪則是直徑600mm的混尼龍絲橡膠輪。另外還配備尼龍製的行駛輔助輪與鋁合金製的導引輔助輪供橡膠輪漏氣時使用。

主馬達為額定輸出65kw的鼠籠式三相異步馬達，配置於各車軸，以VVVF逆變器控制。由於單軌電車和一般鐵路不同，沒有將從電車線獲得的電流經鐵軌送回變電所的電路，因此集電裝置是由奇數號車廂轉向架頂端的正集電弓，以及偶數號車廂轉向架側面的負集電弓構成電路。

單軌電車的主要形式、種類

單軌電車分為車輛懸掛於軌道下方的「懸掛式」與車輛跨過軌道的「跨座式」2類，並可以再細分出數種形式。以下將介紹目前常見的形式以及已經消失的形式。

懸掛式 朗根型

烏帕塔空中鐵路有許多經過河流上方的路段。座位主要設置在行進方向的左側。

全世界最古老的懸掛式單軌電車

朗根型是1901年建於德國烏帕塔的單軌電車，名稱來自於德國工程師卡爾・渥伊根・朗根。朗根型單軌電車為單邊固定的設計，車輪在鐵製軌道上行駛，車廂懸掛於車輪連接的懸臂上。為防止出軌，車輪兩側有凸緣。

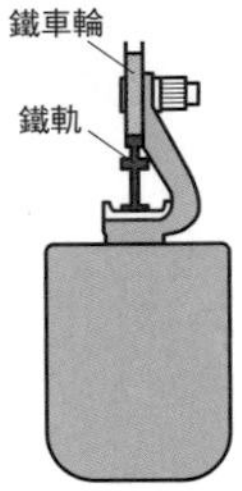

懸掛式 上野懸垂型

上野動物園單軌電車的正式名稱為上野懸垂線。因設備老舊的關係，自2019年起停駛。

日本第一條單軌電車

上野懸掛型以朗根型為範本，但也有為了減少噪音而採用橡膠輪胎等許多日本自行做出的改良。由東京都交通局經營的路線於1957年在上野動物園內通車，相距0.3km的東園站～西園站間車程約1分半。通車時被視為「未來的交通工具」，因而深受矚目。

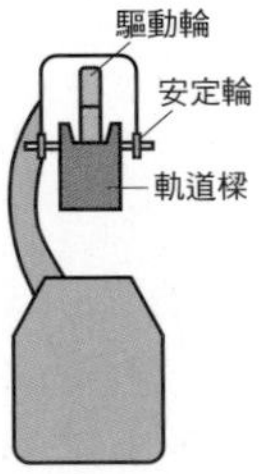

懸掛式 SAFEGE型

1970年通車的湘南單軌電車是日本首見的SAFEGE型單軌電車。

日本懸掛式的標準規格

1960年前後以法國為主所開發的方式。軌道部分為箱型的筒狀，內部有橡膠車輪與轉向架，藉由與轉向架相連的懸掛連桿吊掛車輛。日本國內希望SAFEGE型能成為懸掛式的標準，藉此統一規格，SAFEGE型的單軌電車目前有湘南單軌電車與千葉都市單軌電車。

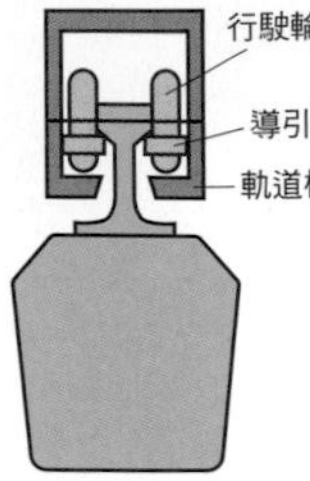

跨座式 東芝型

行駛於奈良Dream Land內的東芝型單軌電車。在Dream Land單軌電車後，東芝型就成為了絕響。

日本最早的跨座式單軌電車

由東京芝浦電氣（現在的東芝）所開發，採用在2節車廂之間設置轉向架的關節式轉向架構造，特色是能夠高速行駛、過急彎。1961年時在奈良Dream Land以遊樂設施的定位登場，1966年也用在了往來橫濱Dream Land與大船站間的Dream Land單軌電車。

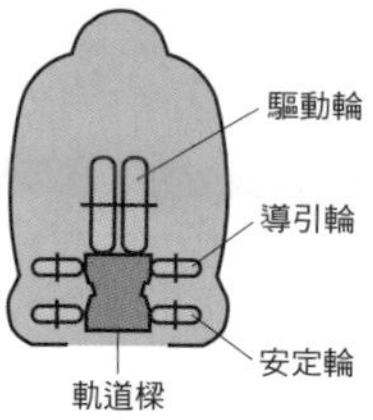

跨座式 洛克希德型

展示在手柄山交流Station（前手柄山站）的姬路市交通局的單軌電車。

使用鐵製軌道與車輪行駛

美國洛克希德公司所發明，於軌道框鋪設鐵軌，使用鐵製車輪行駛。1966年通車的小田急向之丘遊園單軌電車線與姬路市交通局單軌電車線曾採用此形式，但兩者目前皆已廢線，洛克希德型的技術則被現在的跨座式單軌電車繼承。

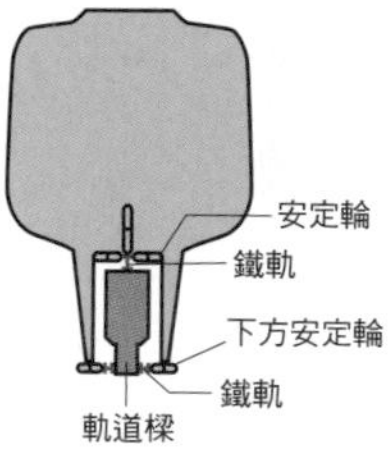

跨座式 ALWEG型

東京單軌電車的1000型車輛。由於橡膠輪胎摩擦力較大，行駛陡坡及彎道的能力優於鐵路車輛。

影響了現在的日本跨座式規格

ALWEG型是以橡膠車輪在混凝土軌道上行駛的形式，1959年在洛杉磯的迪士尼樂園便已有實用路線通車。1964年通車的東京單軌電車也是採用ALWEG型，舊運輸省（現在的國土交通省）在1967年將ALWEG型改良而成的日本跨座式訂為標準規格。

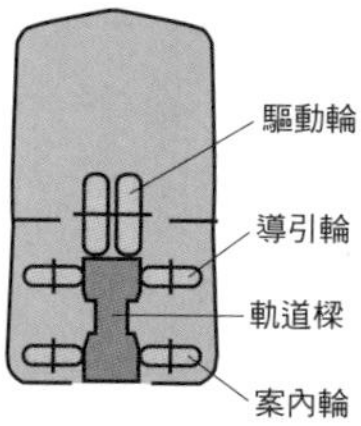

採日本跨座式的沖繩都市單軌電車「Yui-Rail」於2003年通車，是沖繩的第一條鐵路。

千葉都市單軌電車 軌道作業車（01、02、03號車）

肩負單軌電車的軌道設備及電力設備保養、維修重責大任的事業用車

單軌電車的軌道設備、電力設備保養維修用作業車幾乎每晚都會出動，但因為是深夜、清晨時段，所以沒什麼人知道這些車輛的存在。千葉都市單軌電車擁有三輛電池驅動式的軌道作業車，保養、維修等各種作業全都仰賴這些車輛完成。

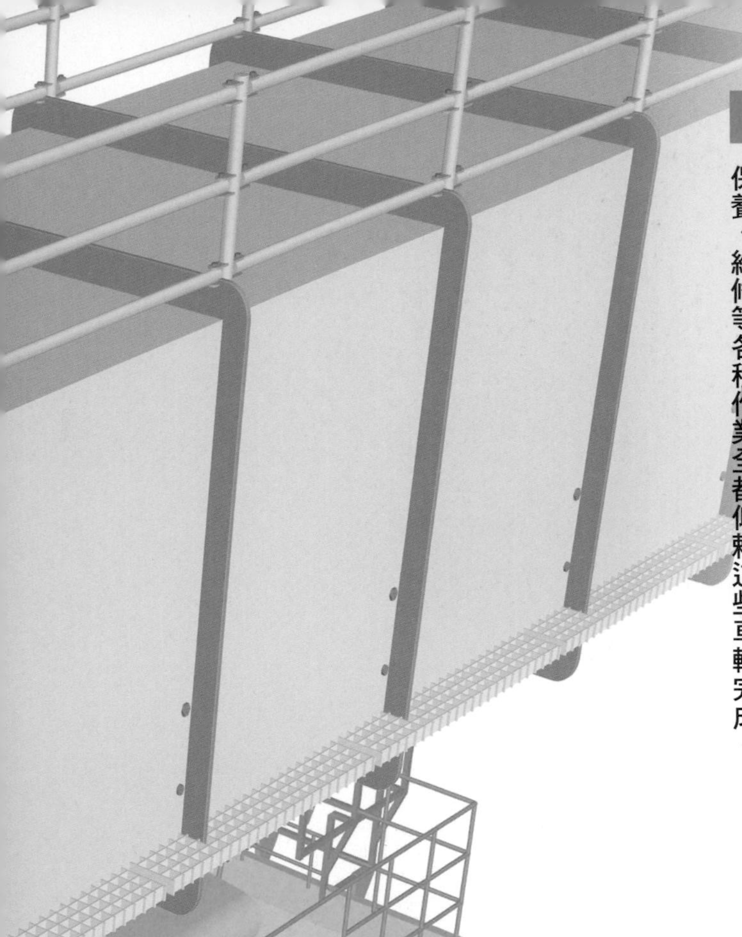

軌道作業車從側面看為凸字形，電池搭載於地板下方。

DATA

千葉都市單軌電車
軌道作業車（01、02、03號車）

全長：7,500mm　全寬：2,460mm
全高：4.545mm
重量：10t
最高運轉速度：時速23km
初次製造年：2019年

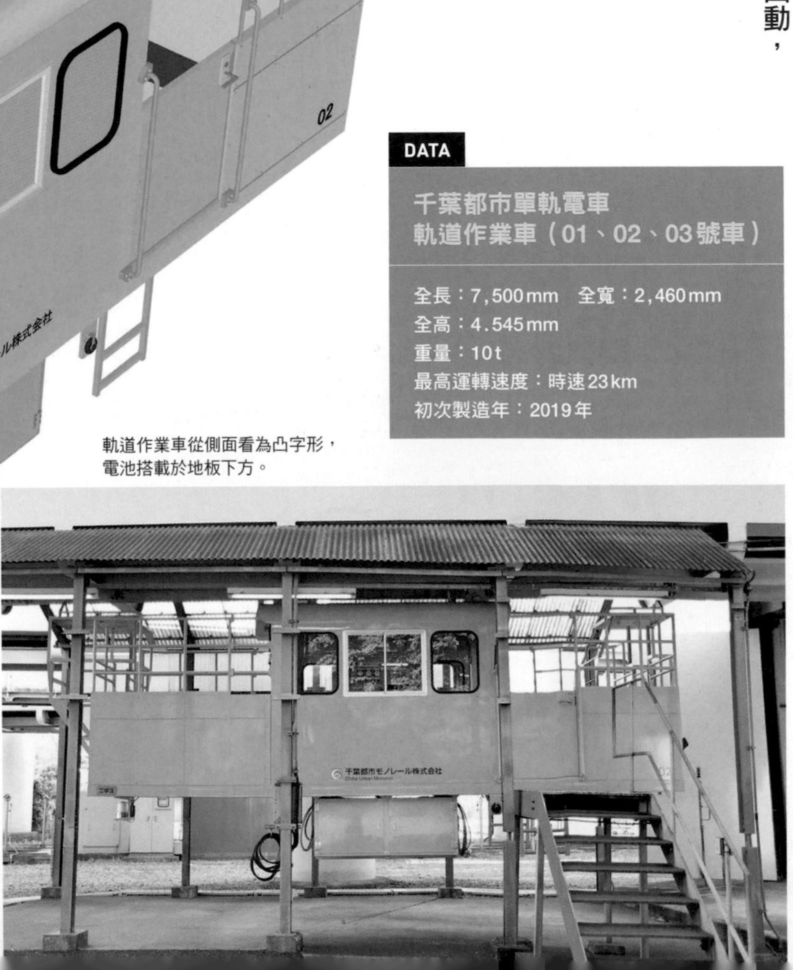

軌道作業車白天停放在千葉都市單軌電車總公司附近的萩台車輛基地。舉辦「千葉單軌電車祭」等活動，車輛基地開放參觀時可以近距離觀看。

行駛時只有馬達的聲音！以電池為動力提升安靜度

單軌電車和一般鐵路一樣，必須進行軌道設備的保養維修。由於懸掛式單軌電車的軌道及供電設備位在道路上方的軌道樑內，因此保養維修作業必須避免妨礙交通，而且因為行經市區，還得盡量減少噪音及振動。基於這些特殊因素，千葉都市單軌電車導入了可以安全、有效率保養、維修的軌道作業車。

千葉都市單軌電車目前有3輛電池驅動式軌道作業車服役中，作業車近幾年才更新過，03號車為2019年製，01、02號車為翌年20年製。01～03號車地板下方搭載了電池（蓄電池），可供電給行駛用的馬達，憑藉自身動力行駛。為確保安全，軌道在進行保養維修時會停止供電，因此作業車必須依靠自身動力行駛。

車身為鋼製，並漆上鮮豔的黃色，讓人一眼就能看出是作業車。

軌道作業車的標準容納人數為1名駕駛員與5名作業員，合計6人。最高時速可達時速23km，但公司規定在主線上要以時速20km行駛。雖然會有馬達運作的聲音，但由於是電池車，因此行駛時相當安靜。

作業都是在非營業時間的深夜12時30分至4時多進行，總共約3～4小時。

千葉都市單軌電車 軌道作業車（01、02、03號車）

內部的祕密

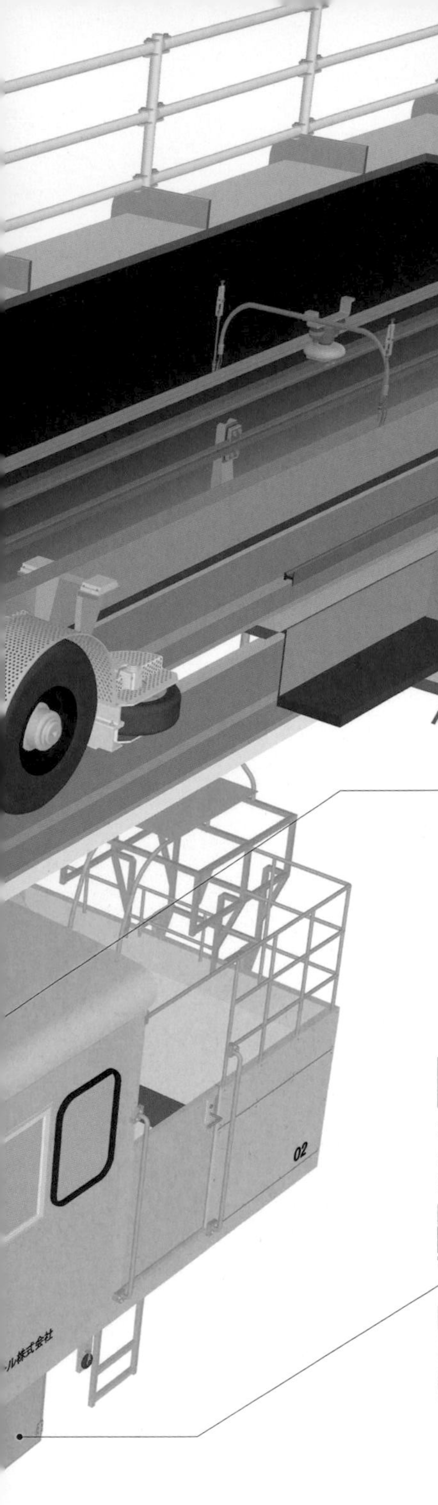

乘務員室

控制台面向行進方向的側面，類似一般鐵路調車用的機車頭，因此駕駛員是朝著側面操作。車上沒有營業用車輛所配備的空調。牽引04號車時會透過對講機（照片左上方）聯絡。

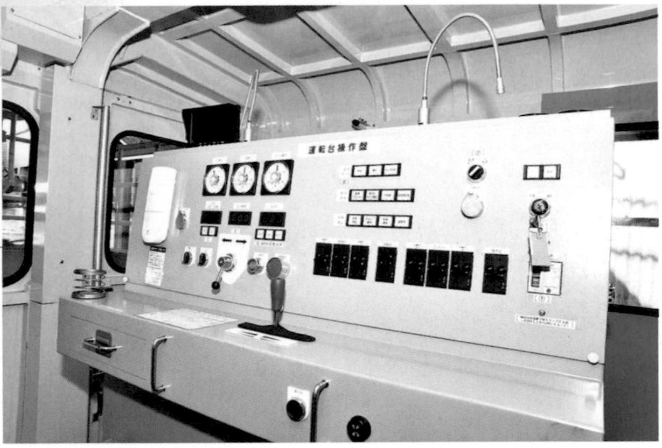

電池（蓄電池）

左右各有2具，合計搭載4具的電池。停放於車輛基地時會接上電纜充電。

連接充電電纜用的充電孔。

營業用車輛0型（URBAN FLYER）全長14.8公尺，軌道作業車則是7.5公尺，僅有0型的一半。車身從側面看呈現凸字形，中央部分為駕駛室，駕駛室前後有作業平台，作業員便是在此替軌道樑內的高架電車線、通信電纜、行駛路面等進行保養維修。有別於營業用車輛，由於作業車在值勤時需要頻繁地前進、後退變換方向，因此控制台是面向行進方向的側面。

軌道作業車配備了三種制機，分別是一般使用的油壓碟煞、減速用的再生制軔、停車用的機械式碟煞。再生制軔會將制軔時產生的能量回充至電池，除了節能效果外，也有助於防止在坡度大的下坡超速。

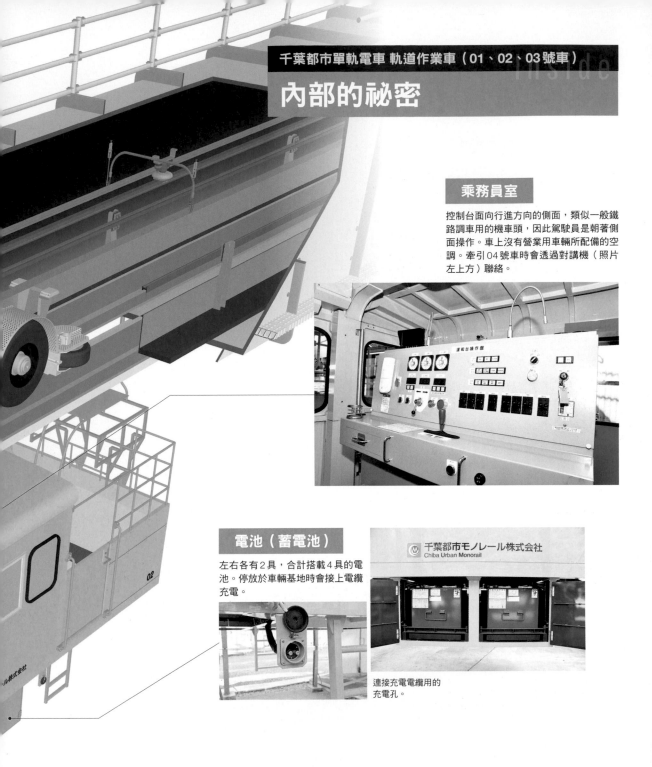

駕駛室配置於中央 前後兩端為作業平台

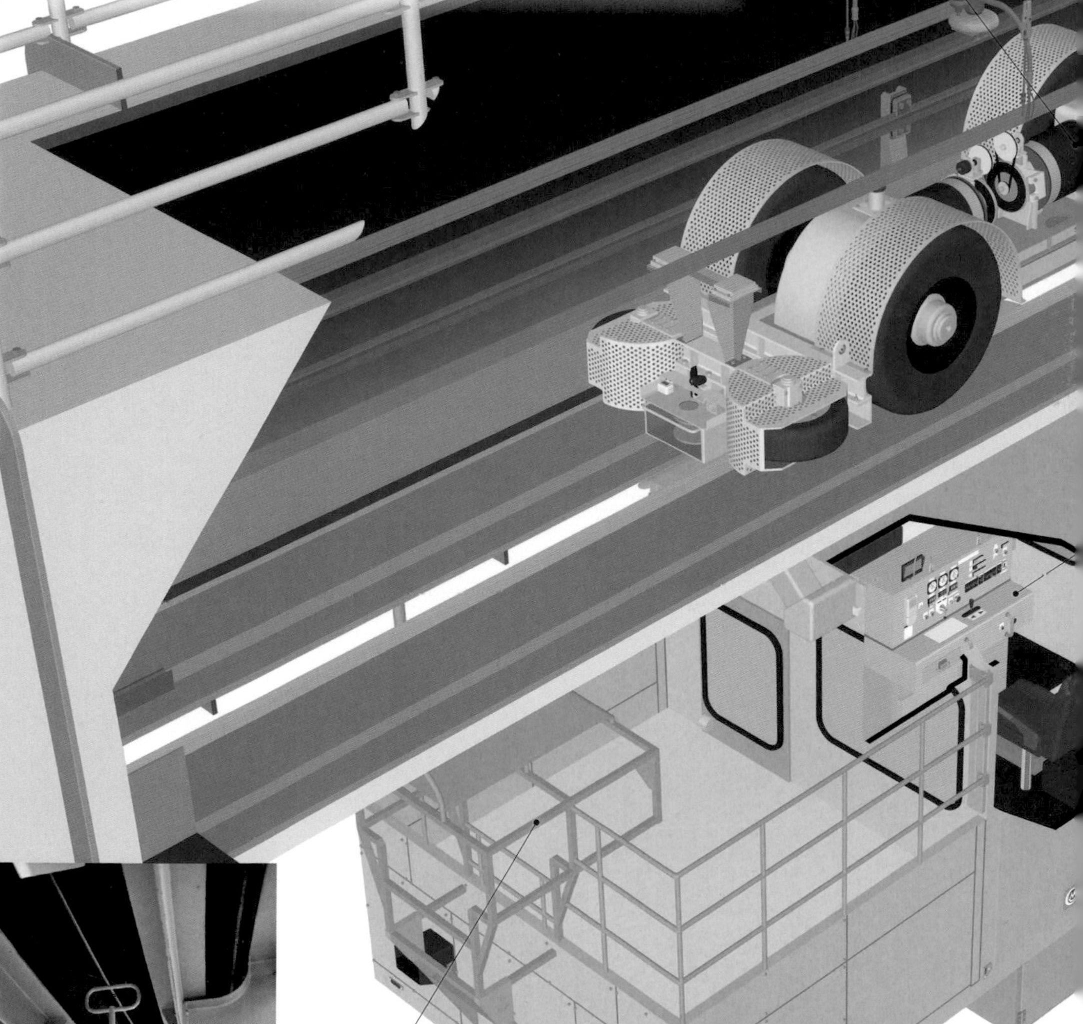

上／導引輪直徑535mm。
左上／馬達位於轉向架中央。
行駛輪直徑1057mm。

轉向架

行駛輪、導引輪皆使用充氣胎（灌入空氣的橡膠輪胎）。為防止作業時發生捲入事故，輪胎都以金屬網狀的安全蓋罩住。輪軸間搭載2具額定輸出20kw的馬達。

作業平台

周圍有鋼製欄杆，地面則為防滑花紋鋼板，球拍狀的突起則是當作扶手使用。由於上方有高壓供電線，作業時都會停止供電，慎重行事。

千葉都市單軌電車 軌道作業車（04號車）

配備高空作業用升降台的特殊軌道作業車

千葉都市單軌電車擁有的4輛軌道作業車之中，最特別的就屬04號車。這是唯一一輛配備高空作業用升降台的車輛，由於自身不具備行駛用的動力，因此必須與01、02、03號車其中一輛一同出動。

04號車的車身同樣漆成了鮮豔的黃色。圖中的正面為乘務員室，有兩片配備雨刷的窗戶。

往側面推出並升起升降台，便能在軌道樑等高處作業（圖片提供：千葉都市單軌電車）。

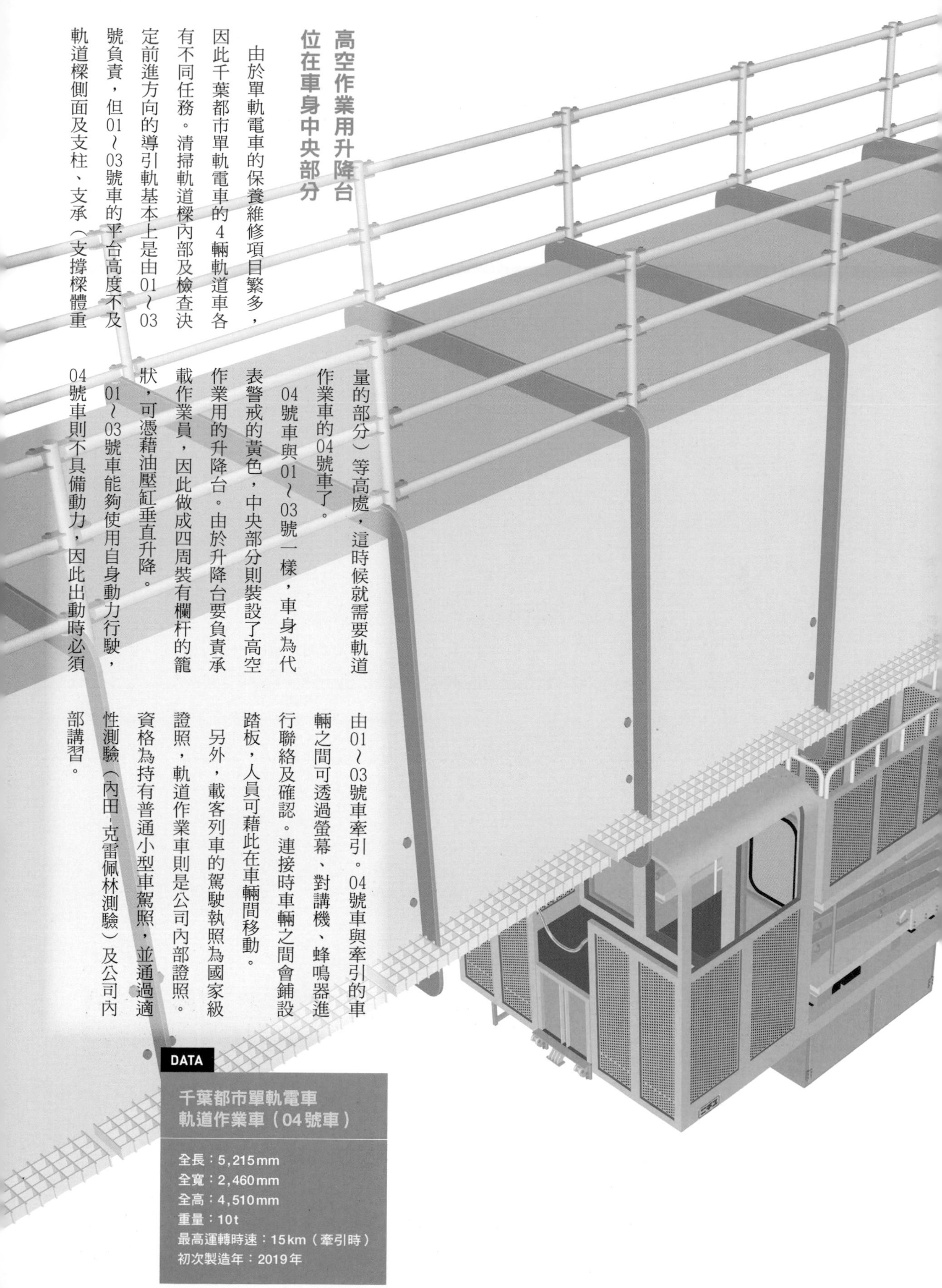

高空作業用升降台位在車身中央部分

由於單軌電車的保養維修項目繁多，因此千葉都市單軌電車的4輛軌道車各有不同任務。清掃軌道樑內部及檢查決定前進方向的導引軌基本上是由01～03號負責，但01～03號車的平台高度不及軌道樑側面及支柱、支承（支撐樑體重量的部分）等高處，這時候就需要軌道作業車的04號車了。

04號車與01～03號一樣，車身為代表警戒的黃色，中央部分則裝設了高空作業用的升降台。由於升降台要負責承載作業員，因此做成四周裝有欄杆的籠狀，可憑藉油壓缸垂直升降。

01～03號車能夠使用自身動力行駛，04號車則不具備動力，因此出動時必須由01～03號車牽引。04號車與牽引的車輛之間可透過螢幕、對講機、蜂鳴器進行聯絡及確認。連接時車輛之間會鋪設踏板，人員可藉此在車輛間移動。

另外，載客列車的駕駛執照為國家級證照，軌道作業車則是公司內部證照。資格為持有普通小型車駕照，並通過適性測驗（內田-克雷佩林測驗）及公司內部講習。

DATA

千葉都市單軌電車 軌道作業車（04號車）

全長：5,215mm
全寬：2,460mm
全高：4,510mm
重量：10t
最高運轉時速：15km（牽引時）
初次製造年：2019年

千葉都市單軌電車 軌道作業車（04號車）

Inside

內部的祕密

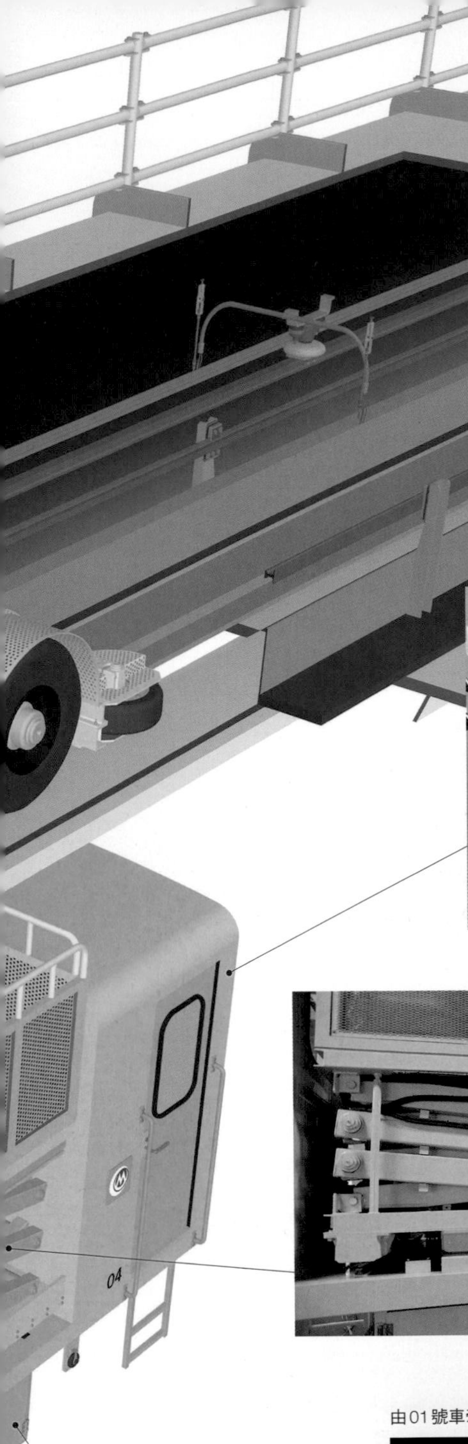

剪式千斤頂可讓升降台上升約3.5公尺

乘務員室

乘務員室除了供作業員待命外，推進運轉時負責指揮的人也是在此確認路線。前方的窗口下方有和連接在一起的軌道作業車駕駛員聯絡用的對講機及蜂鳴器。

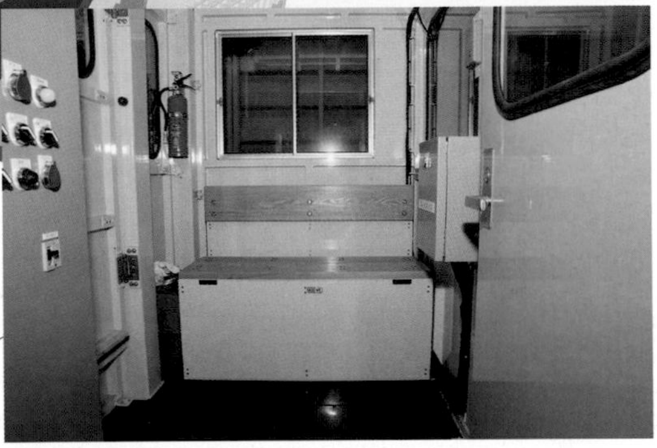

升降台

承載作業員的升降台面積為2.0m×0.8m。可往左右滑動105cm，剪式千斤頂能夠讓升降台上升約3.5m。

電池（蓄電池）

與01、02、03號車相同，共搭載4具，供應操作升降台等所需的電力。

由01號車牽引移動的04號車（圖片提供：千葉都市單軌電車）。

一般鐵路用於保養維修高架電車線的高空作業車多是採伸縮臂設計，而千葉都市單軌電車的04號車則是使用剪式的油壓菱形千斤頂升降作業平台。這種設計在伸長千斤頂時仍具有穩定度，能夠提升保養維修作業的安全性。

升降台可以往側面滑動，並上升至約3.5公尺的高度。

由於車身正面有2片窗戶，看起來像是駕駛室，但因為04號車無法憑藉自身動力行駛，所以沒有控制台，這裡僅是供指揮人員在推進運轉時確認車前狀況的乘務員室。地板下方和01～03號車一樣搭載電池（蓄電池），提供照明及操作升降台等所需的電力。

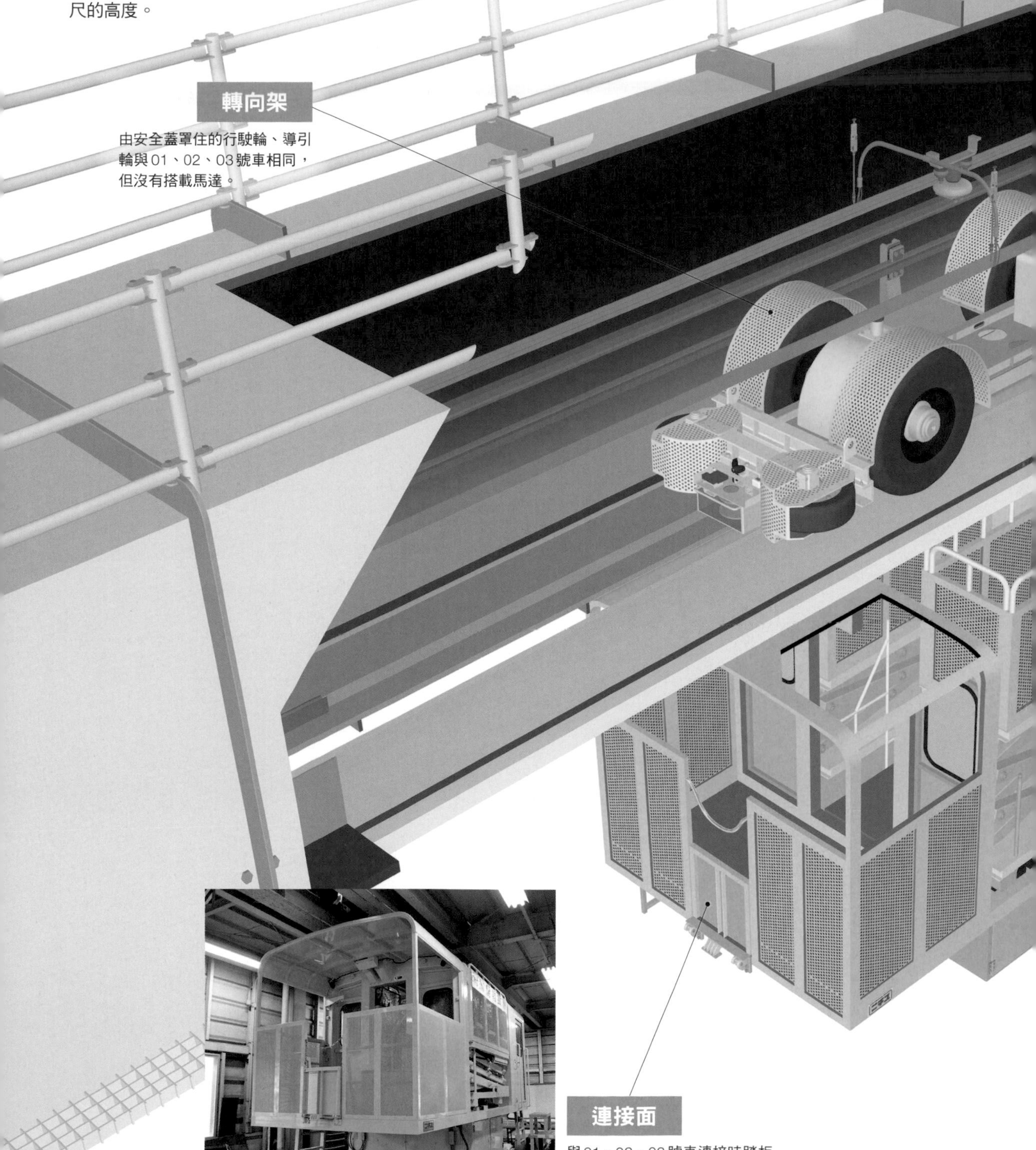

轉向架

由安全蓋罩住的行駛輪、導引輪與01、02、03號車相同，但沒有搭載馬達。

連接面

與01、02、03號車連接時踏板會降下，供人員在車輛間往來。上方有遮雨棚。

多摩都市單軌電車 工作車 K-1

負責軌道設備、軌道附帶設備保養維修的業務用車輛

多摩都市單軌電車擁有3輛工作車及升降車、起重車等後勤車輛。以電池驅動的K-1工作車幾乎每天都會出動，進行軌道樑的保養維修等。

軌道設備及軌道附帶設備保養維修時不可或缺的車輛

往來於東京多摩地區南北之間的多摩都市單軌電車是總長16km的跨座式單軌電車，上北台站～立川北站路段於1998年通車，立川北站～多摩中心站路段於2000年通車。

負責軌道設備及軌道附帶設備保養、維修工作的，是編號K-1～K-3的3輛工作車。

K-1整輛車的車身皆為黃色，正面與側面有紅色漸層線條裝飾。除了單獨使用外，也可以連接其他車輛提升牽引力進行協調運轉，因此能在坡度大的路段穩定地牽引行駛。

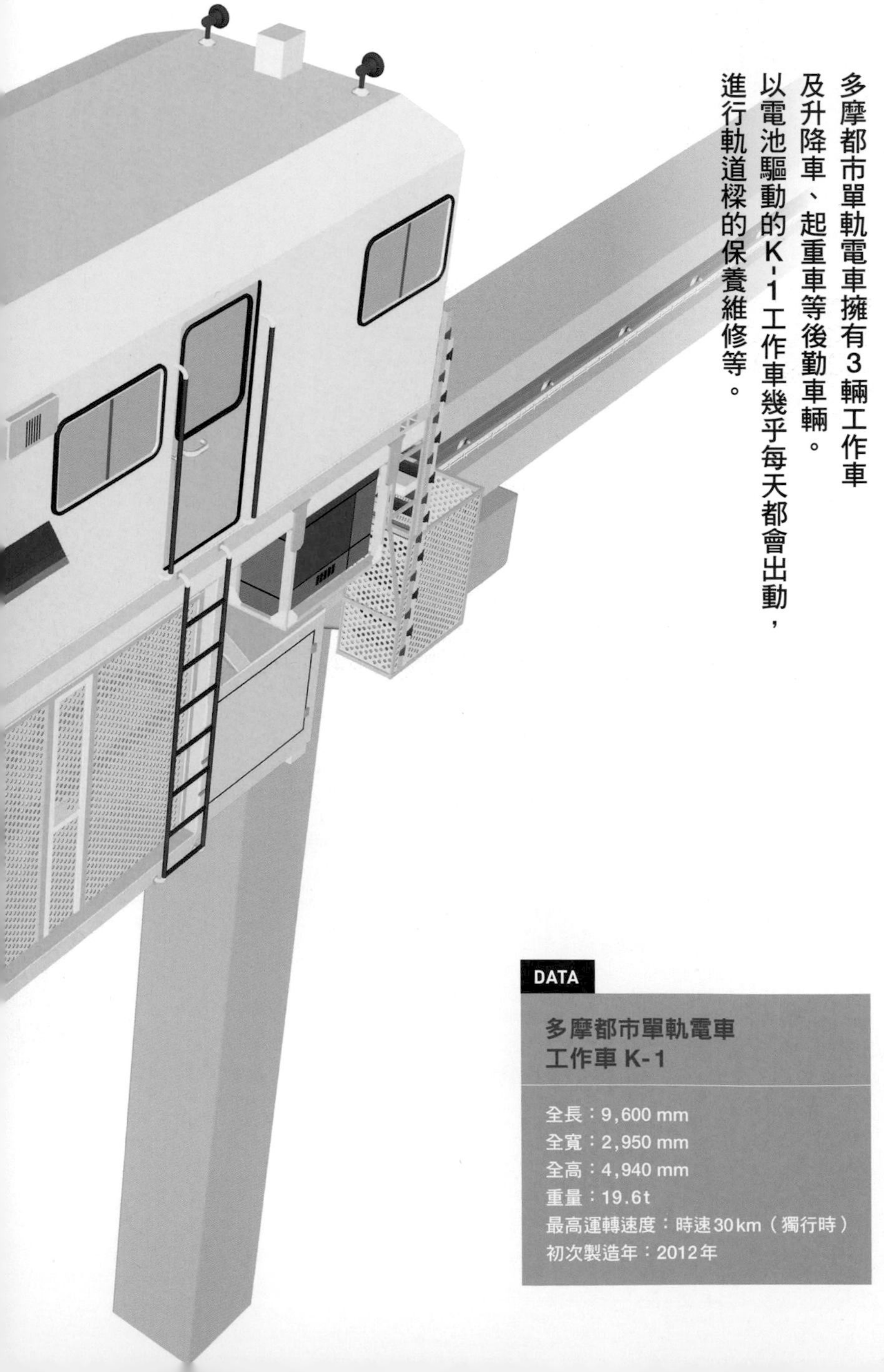

DATA

多摩都市單軌電車
工作車 K-1

全長：9,600 mm
全寬：2,950 mm
全高：4,940 mm
重量：19.6t
最高運轉速度：時速30km（獨行時）
初次製造年：2012年

跨座式單軌電車是橫跨在架設了電車線及通信電纜等線路的軌道樑上行駛，因此工作人員在進行作業時要升降安裝在工作車下方的側面作業台。位在軌道樑正上方的車輛正面中央部分有進出用的門，門的左右兩邊則是用來下降至軌道樑側面的梯子。

行駛輪的直徑為1138mm，另外還配備可動輔助輪，當工作車因為行駛輪故障而無法行駛時，可頂起車輛進行牽引行駛做為應急措施。

工作車最多可乘坐8名人員，作業大多在深夜時段進行，時間約1～3小時，最長作業距離大約是來回25km。軌道設備及號誌設備等的檢查、施工等全部算進去的話，1年會進行約500次的檢查。雖然工作車無法牽引客車，但有預想在發生大規模災害時用於進行設備檢查的狀況。

工作車多於高處、道路上方進行作業，因此必須慎防人員墜落及工具掉落等。

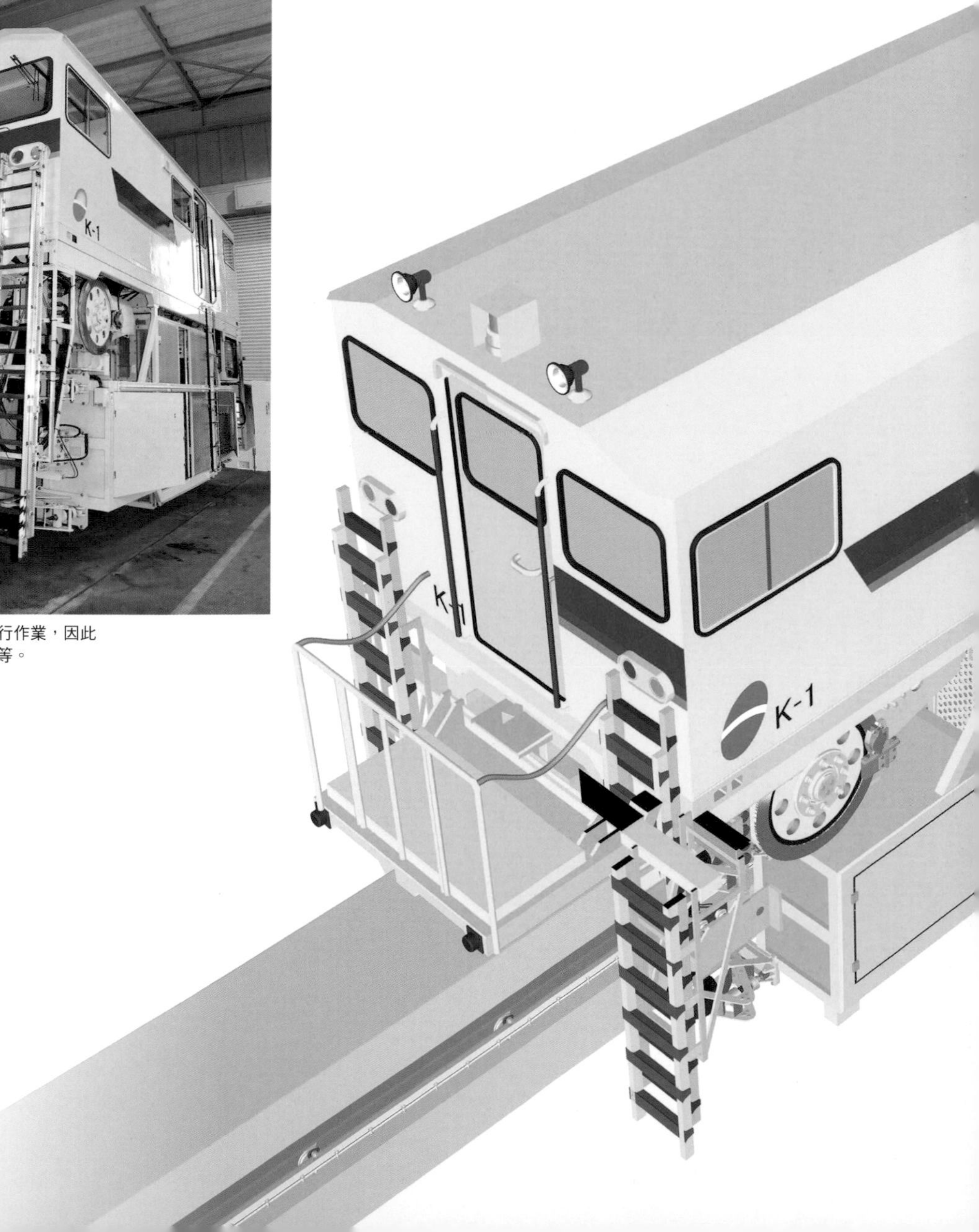

多摩都市單軌電車 工作車 K-1

Inside

內部的祕密

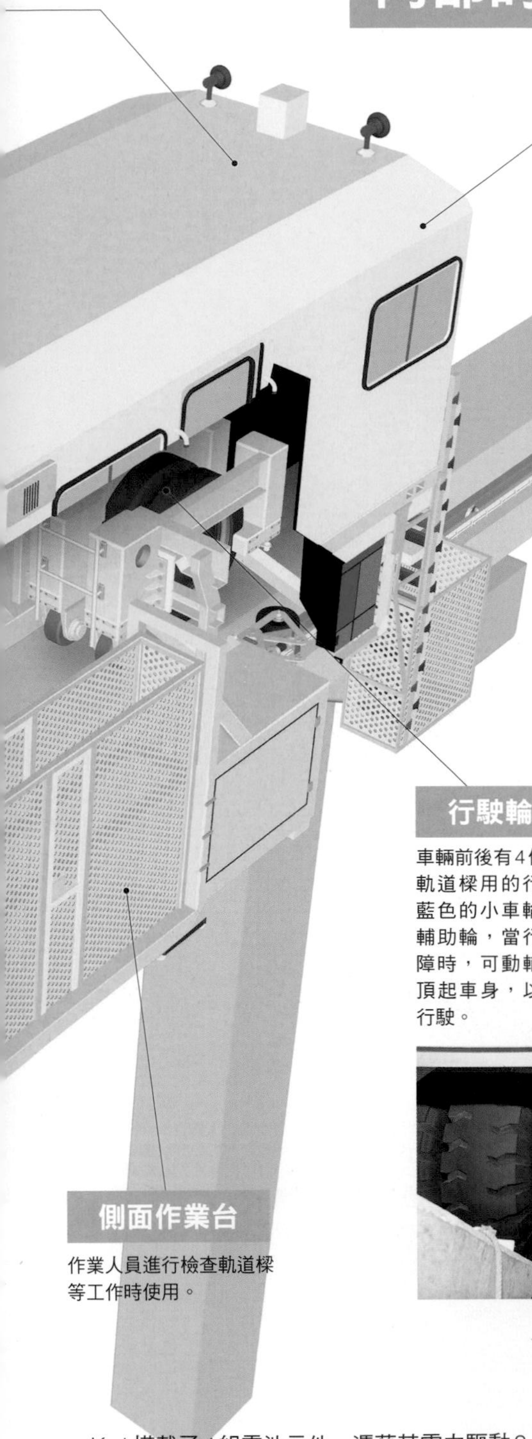

車輛前端

除了前照燈外，還有旋轉警示燈。出入用的門位於中央，並有梯子及作業台。

行駛輪

車輛前後有4個行駛於軌道樑用的行駛輪。藍色的小車輪是可動輔助輪，當行駛輪故障時，可動輔助輪會頂起車身，以便牽引行駛。

側面作業台

作業人員進行檢查軌道樑等工作時使用。

除了電池驅動還有各種幫助提升作業效率的巧思

K-1搭載了4組電池元件，憑藉其電力驅動2具永磁馬達行駛。

控制方式為VVVF逆變器控制，並採用在坡度大的路段也能穩定牽引行駛的2段變速箱。車輛全長9.6公尺，重量19.6噸。單獨行駛時的最高時速為30km，牽引10噸時為時速20km、30噸時為時速10km。

箱型車身的前後皆有控制台，觸控式液晶螢幕會顯示超出車輛界限之部位的狀況，以及在偵測到故障時顯示故障排除說明。

車身中央為作業室，地板設計成平坦狀以便放置器材或進行作業。

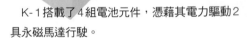

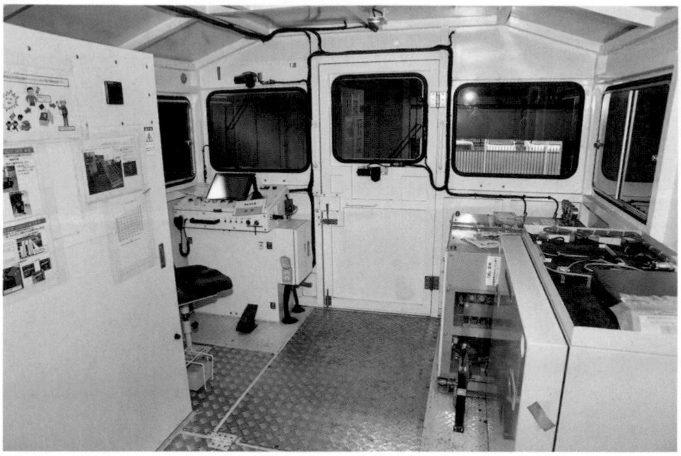

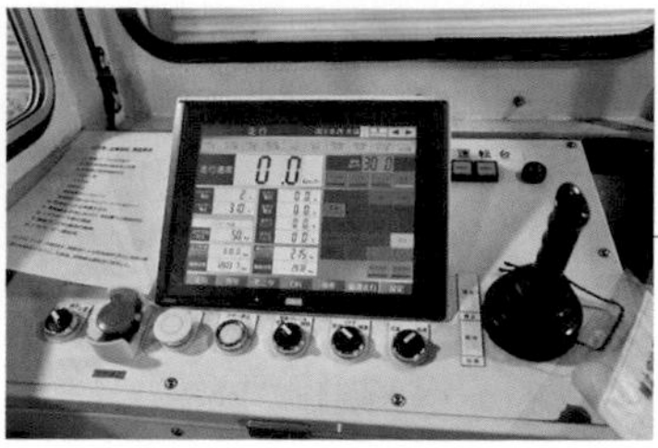

液晶螢幕會顯示行駛速度、行駛距離、電池狀況、運轉時間等。

控制台

車輛前後皆設有控制台，採用觸控式液晶螢幕，並具備顯示超出車輛界限外之部位的功能。偵測到車輛故障時，還會顯示故障排除說明。

平坦的地面

車廂內部地面平坦，以便人員作業及移動。地板可打開，供人員下降至軌道樑，或是操作可動輔助輪。

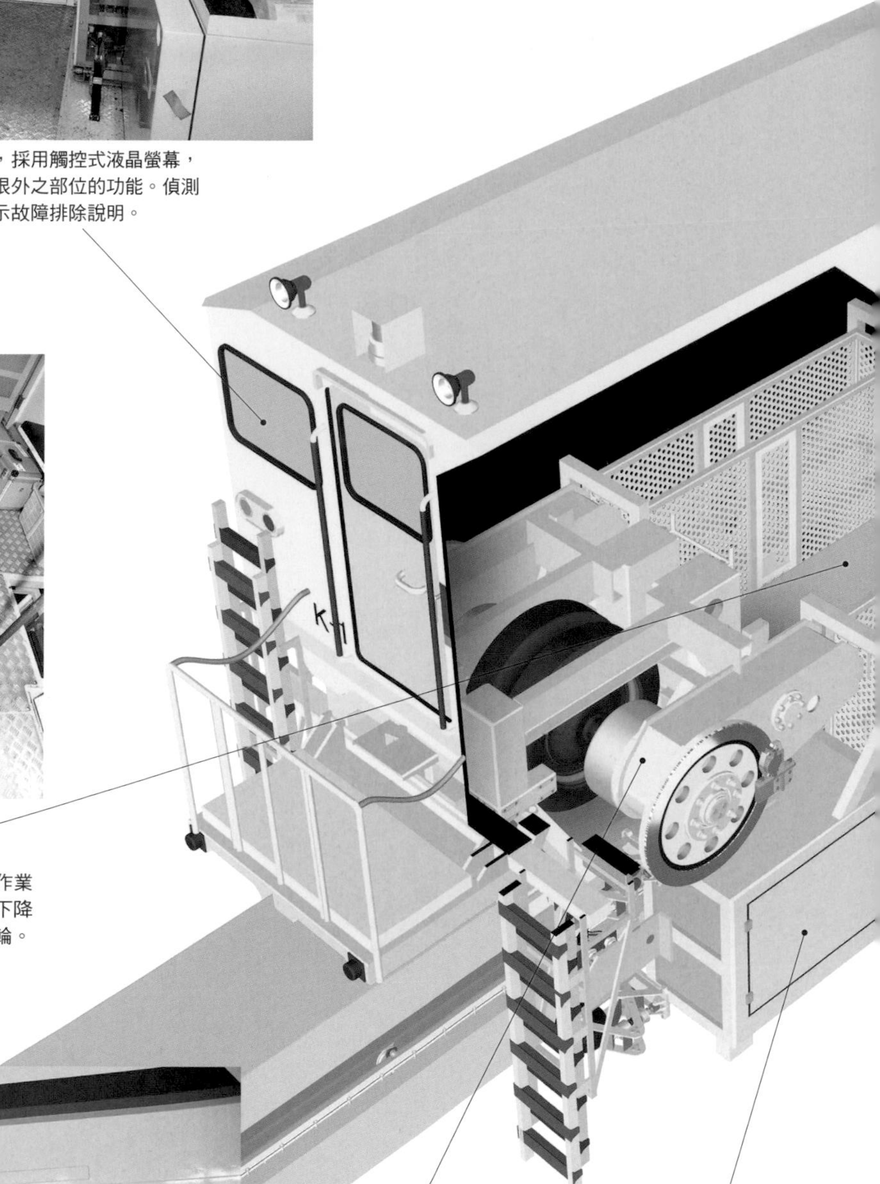

電池元件

收納電池的部分。車身前後左右共搭載了4具電池。

碟煞

以閘瓦夾住煞車碟盤藉此達到煞車效果。碟煞安裝於車軸，從車輛外側就能看到。

深夜才會出動！

多摩都市單軌電車事業用車輛的成員

多摩都市單軌電車共有5輛事業用車輛，分別具備不同特性，以因應軌道樑、車站、隧道等的保養維修作業。

起重車

可吊掛約3噸重的資材

與工作車連接行駛，車身前後有可動式欄杆，可確保在軌道樑上安全作業。

起重裝置的吊掛能力為作業半徑3300mm，可吊掛2.93噸的資材。通常是與工作車連接行駛，但也搭載了柴油引擎，在沒有坡度的區間能憑藉自身動力以時速2km行駛。

K-2工作車

功能幾乎與K-1工作車相同

保養維修軌道設備及軌道附帶設備的電池驅動事業用車輛，車身與K-1工作車一樣漆成黃色，正面與側面則以藍色漸層線條裝飾。功能及配備幾乎與K-1相同，但K-1有號誌機測量裝置。K-1、K-2可連接進行協調運轉以提升牽引力。

各自具備不同功能與特性的工作車、起重車、升降車

多摩都市單軌電車的事業用車輛K-1～K-3負責的工作是軌道設備及軌道附帶設備的保養、維修工作。K-2為電池驅動，功能、配備基本上與K-1相同。

K-3則是以額定輸出224kw、最大扭力1340Nm的柴油引擎驅動，負責牽引其他工作車或升降車，並且與K-1、K-2一樣，具備救援故障車輛的功能。全長10公尺，自重19．5噸，車身為與K-1、K-2相同的黃色。單獨行駛於坡度達千分之57．5的主線最大坡度區間時，時速可達30km，牽引10噸時也可達20km。由於主要在夜間作業，特別採用了降低引擎噪音的設計。

起重車則配備了作業半徑3300mm、可吊掛2．93噸重資材的起重機。通常會連接工作車行駛，不過由於搭載了柴油引擎，在平坦處能夠憑藉自身動力以時速2km行駛，因此也採用方便與工作車連接、解連的設計。

升降車

針對高空及軌道樑下方作業特別設計

高空作業台面積為1500mm×2600mm，可憑藉油壓缸上升至距離行駛路面頂面6870mm的高度，並往左右方向滑動790mm。位於車身兩側的長型升降作業台則是藉由滾珠螺桿將面積660mm×1590mm的作業台下降至距離行駛路面頂面4945mm處，並可以往左右方向移動800mm。

進行作業時，作業台等部位突出於車身會造成難以維持平衡，因此設置了夾住軌道樑的油壓式托架穩定車身。

圖片提供（2張）：EKUTEPIAN

升降車則是保養維修用作業車，配備車站樑柱及隧道天花板作業用的高空作業台，以及軌道樑下方作業用的長型升降作業台。

另外，起重車的地板設有760mm×1470mm的開闔式平台，可供人員移動至軌道樑正下方。車身全長8.8公尺，全寬2.9公尺，自重為18・78噸。由於不具備行駛用的動力，因此是由工作車牽引前往作業地點。外觀為與工作車相同的黃色。

1998年開始服役的多摩都市單軌電車1000系電車。由於有各式各樣的事業用作業車提供後勤支援，才得以安全地行駛在軌道上。

日本的新交通系統

單軌電車以外的新型態軌道運輸系統！

新交通系統是指車輛使用橡膠輪胎，
以自動駕駛方式於專用軌道行駛的運輸系統。
日本是全世界第一個商業運轉的國家，
全日本目前共有**10**條路線。

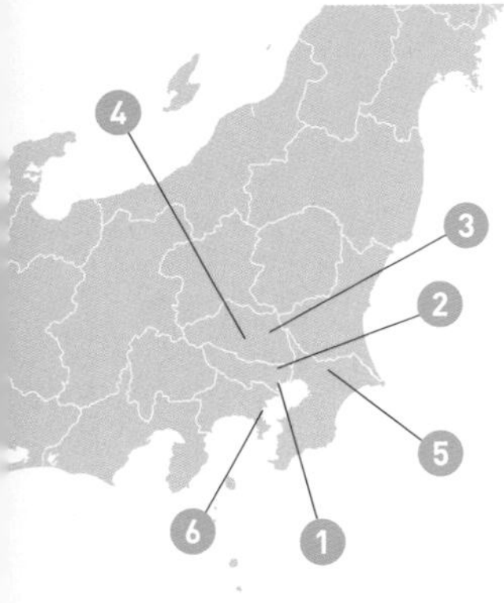

① 百合鷗號

東京臨海 新交通臨海線

1995年通車，連接新橋、豐洲與臨海副都心。主要使用7300系與7500系車輛，以銀色車身搭配象徵藍天白雲的藍色與白色。

④ 西武鐵道

山口線（Leo Liner）

將往返多摩湖飯店前～UNESCO村之間的「御伽列車」軌道AGT化而成，於1985年通車。8500系車輛被暱稱為「Leo Liner」。

② 東京都交通局

日暮里-舍人線

2008年通車，為有「鐵道空白地帶」之稱的東京都足立區西部提供服務，從日暮里站通往見沼代親水公園站，路線長度9.7km。有300型、320型、330型三種車輛。

⑤ 山萬

有加利丘線

有加利丘線是環繞千葉縣佐倉市的新市鎮「有加利丘」一圈的路線。因「有加利」在日文為「尤加利」之意，因此1000型車輛的暱稱為「無尾熊號」。

③ 埼玉新都市交通

伊奈線（New Shuttle）

1983年通車，往返於大宮站與內宿站之間，暱稱「New Shuttle」。最新型的車輛2020系每一編組的車身塗裝皆不相同，目前共有5組6節編組的列車負責運行。

什麼是AGT？

AGT是Automated Guideway Transit（自動導軌捷運系統）的簡寫，使用橡膠輪胎的電聯車是由電腦負責運行管理，可進行自動駕駛。

AGT的優點為何？

由於是在專用軌道上沿導軌行駛，因此可以自動駕駛。具有加減速性能較電聯車更佳、擅長爬坡、噪音較少等優點。

⑥ 橫濱海岸線
金澤海岸線

1989年通車，連接橫濱市的新杉田站與金澤八景站，路線長度約11km。2000型車輛的車身使用了象徵大海的色彩與幾何圖案。

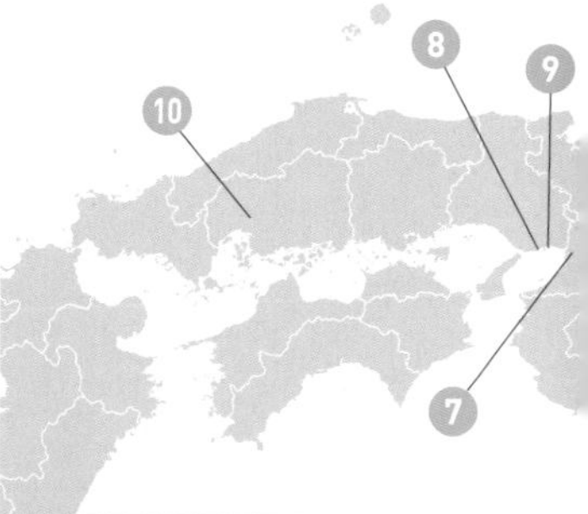

⑨ 神戶新交通
六甲人工島線（六甲Liner）

1990年通車，從住吉站通往六甲人工島的海濱公園站。除了以車頭的大片窗戶著稱的1000型車輛外，還有2018年導入的新型車輛3000型。

⑦ 大阪市高速電氣軌道（Osaka Metro）
南港港城線（New Tram）

往返於大阪市的宇宙廣場站與住之江公園站，路線長度約7.9km。2016年起陸續導入的200系車輛每一編組的車身塗裝皆不相同。

⑩ 廣島高速交通
廣島新交通1號線（Astram line）

1994年通車，往返於廣島市的本通站～廣域公園前站之間。車輛包括了6000系與2020年導入的7000系，車身以路線的代表色鮮黃色（山吹色）為底。

⑧ 神戶新交通
港灣人工島線（Port Liner）

連接神戶市的港灣人工島與神戶空港站、三宮站。1981年通車時由於是全世界首見的無人自動駕駛鐵道、新交通系統，因而引發熱烈討論。

國鐵D51型蒸汽機車 共生產了1115輛 最具代表性的蒸汽機車

D51型是日本生產最多的單一形式蒸汽機車，數量達1115輛，可說是日本蒸汽機車的象徵，鐵道迷將其暱稱為「DEGOICHI」。1次型車輛由於車身頂端呈半流線型，因而有「蛞蝓」之稱。

主要用途為貨物運輸 但也是載運旅客的要角

被暱稱為「DEGOICHI」的D51型蒸汽機車於1935年登場，是日本生產最多的蒸汽機車，共有1115輛。當時正處於昭和時代初期的經濟蕭條開始復甦，運輸需求擴大的時期，D51型原本的主要用途是牽引貨物列車，但後來在日本各地的幹線、次級幹線皆可見到其身影，牽引對象也不分旅客列車、貨物列車，成為了日本最

D代表4軸，51則代表煤水車式機車，96為製造編號。

具代表性的蒸汽機車。

D51型全長19・5公尺，總重量123噸，擁有直徑1400mm的4軸主動輪，後方連接著堆放煤與水的煤水車。設計的基礎為過去的D50型，但軸重較D50型輕，全長也較短，以便駛入乙線（次級幹線），運用於更多區間。

主要由鐵道省工作局設計，除了國鐵所有工廠（大宮、濱松、鷹取、小倉、長野、土崎、郡山、苗穗），川崎車輛、汽車製造、日立製作所、日本車輛製造、三菱重工業等車輛製造商也都協助生產。由於生產多年，從車輛的特色可大致區分為1次型、2次型、3次型。

1次型將給水加熱器直放於鍋爐室上方的煙囪後方，給水加熱器及後方的汽包都罩在半流線型的護蓋內，由此造型而被稱為「蛞蝓」。1號車至85號車、91號車至100號車共計95輛皆屬於此設計。

86號車～90號車，101號車～954號車的859輛則為2次型。D51型的最高速度為時速85km，由於沒有得到流線型的效果，因此放棄了保養維修不易的蛞蝓造型，改為標準式的汽包，給水加熱器也移至煙囪前方橫放。在大量生產下雖然存在細部差異，但一般對於D51型最普遍的印象便是來自於2次型，因此2次型也被稱為「標準型」。

3次型則為1001號車～1161號車的161輛，是在第二次世界大戰爆發後物資嚴重不足的時期生產的。在「只要能撐5年就好」的方針下犧牲了車輛壽命，一部分車身以木材代用，汽包也做成簡樸的箱型。

DATA

國鐵D51型蒸汽機車

全長：19,700mm
全寬：2,936mm
全高：3,980mm
重量：125.1t
最高運轉速度：時速85km
初次製造年：1935年

展示於群馬縣碓冰峠鐵道文化村的「蛞蝓」型D51。

國鐵D51型蒸汽機車

內部的祕密

Inside

煙箱

正面圓形部分是門，內部為煙箱。驅動活塞的蒸汽會經過煙箱從煙囪排出，鍋爐產生的煙此時會從煙囪一起排出。左右兩側的板狀裝置為集煙板，藉由行駛時使空氣往上方流動，可令煙囪排出的煙向上散去，以確保駕駛室的視線。

車輪運作的原理

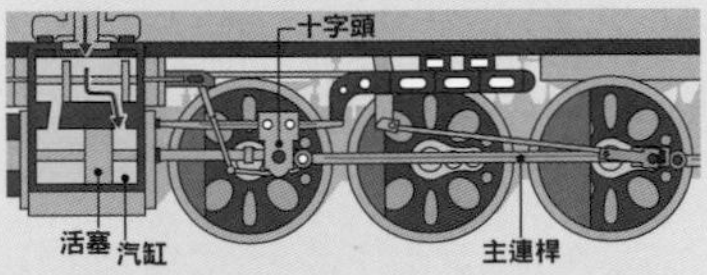

汽缸部分的箭頭代表蒸汽的流向。在此狀態下，蒸汽會進入活塞的右側。

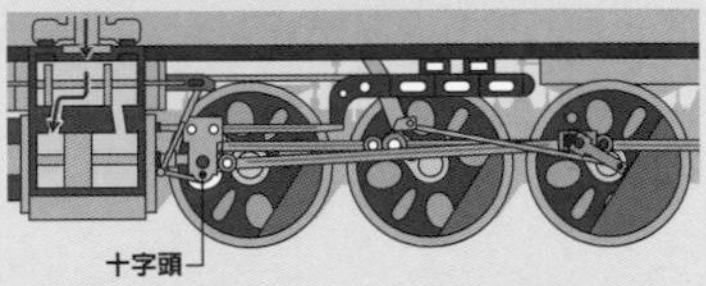

蒸汽將活塞往左側推，此時變成蒸汽進入活塞的左側。

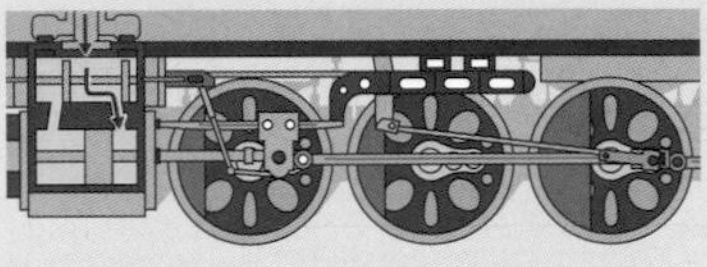

活塞就是像這樣左右移動以驅動主連桿，使車輪轉動。

鍋爐製造出的蒸汽會送往汽缸，交替進入活塞的前後（圖中為左右）兩側，使活塞前後移動。十字頭會將此動作轉換為旋轉運動，透過主連桿轉動主動輪。

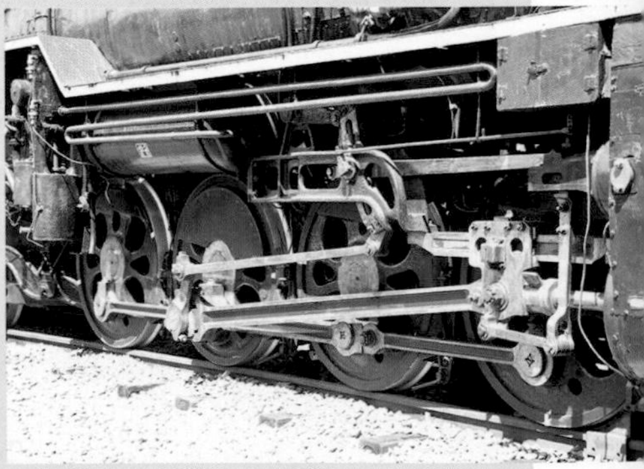

鍋爐

鍋爐內有供燃煤產生的熱通過的煙管與水。煙管的熱使水沸騰變為水蒸汽後，蒸汽會被送至汽缸驅動活塞。

憑藉蒸汽的能量驅動活塞 透過連動使主動輪轉動

駕駛室

駕駛室內部有壓力計等儀表。照片下方是加煤用的投煤口。

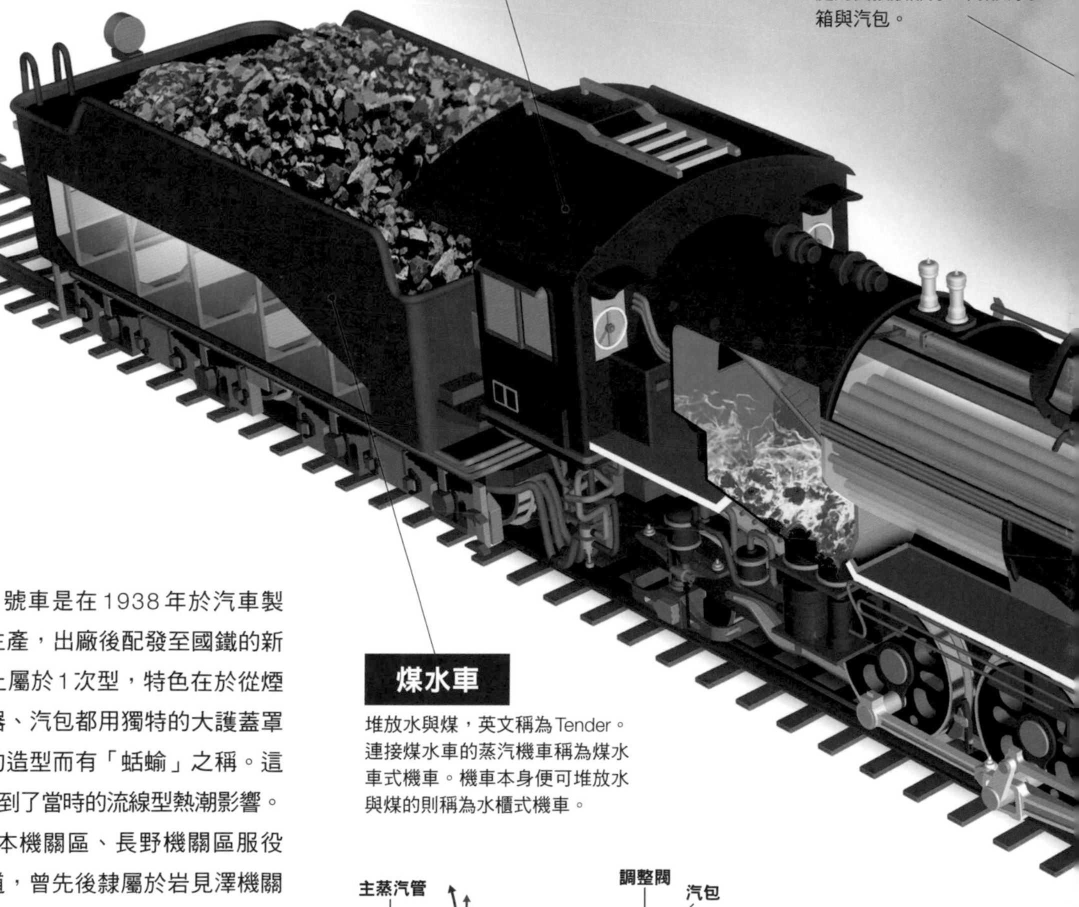

「蛞蝓」之名的由來便是此處的圓頂狀部分。內部為砂箱與汽包。

煤水車

堆放水與煤，英文稱為Tender。連接煤水車的蒸汽機車稱為煤水車式機車。機車本身便可堆放水與煤的則稱為水櫃式機車。

D51型的96號車是在1938年於汽車製造的大阪工廠生產，出廠後配發至國鐵的新潟局。在分類上屬於1次型，特色在於從煙囪到給水加熱器、汽包都用獨特的大護蓋罩住，因為這樣的造型而有「蛞蝓」之稱。這種設計主要是受到了當時的流線型熱潮影響。

96號車在松本機關區、長野機關區服役後被送往北海道，曾先後隸屬於岩見澤機關區、長萬部機關區、瀧川機關區。雖然在無煙化的潮流中持續堅守崗位，最終仍在1976年退役。

後來曾在埼玉縣的長瀞搭配20系臥鋪車當作SL旅館使用，但因該旅館結束營業，2000年時移往碓冰峠鐵道文化村，目前仍在此保存展示。

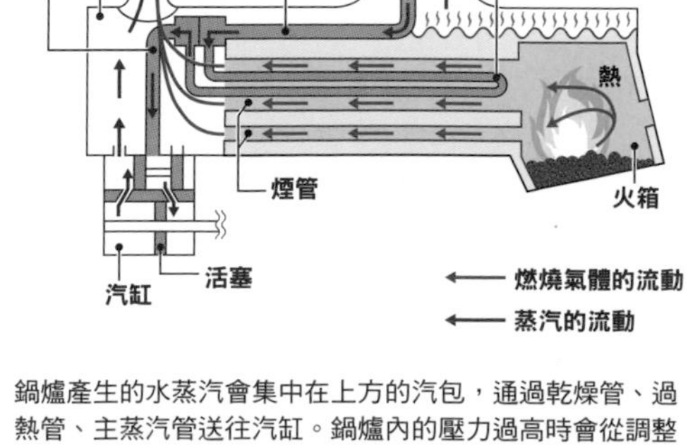

鍋爐產生的水蒸汽會集中在上方的汽包，通過乾燥管、過熱管、主蒸汽管送往汽缸。鍋爐內的壓力過高時會從調整閥排出蒸汽。

蒸汽機車的歷史

從依賴進口到打造出日本國產蒸汽機車

日本的鐵路在草創期是接受外國指導建立起來的，鐵路基礎建設大多只能仰賴進口，蒸汽機車自然也不例外。但在配合日本的自身的需求及條件逐步進行改良後，在大正時代開始著手國產化，為日後的蒸汽機車全盛期打下了基礎。

歌川廣重（第3代）的作品《東京汐留鐵道御開業祭禮圖》（港區立鄉土歷史館藏）描繪了1872年鐵路通車典禮的情景。

從北海道到九州 日本各地皆導入進口機車

日本最早的鐵路官營鐵道的新橋～橫濱間（1872年通車）及關西首條鐵路大阪～神戶間（1874年通車）都在英國的指導下完成。因此從10輛蒸汽機車，乃至鐵軌等器材、資材皆為英國進口。這批蒸汽機車都是水櫃式機車，編號為1～10號。1號（後來的150型）目前被當作鐵道紀念物保存於埼玉縣的鐵道博物館，10號（後來的110型110）保存於神奈川縣的舊橫濱鐵道歷史展示（舊橫Gallery）內。另外，日本第一家私鐵，但其實與政府關係密切的日本鐵道也曾使用自官營鐵道轉手的蒸汽機車。

北海道的官營幌內鐵道手宮～札幌間於1880年通車，接受美國的技術指導，並進口了美國製的水櫃式機車。巨大的鑽石型煙囪與鐘、正面的排障器等元素讓人聯想到西部時代，充滿美國風情。這批後來稱為7100型的機車除了有各自的編號外，還以「義經」、「弁慶」等歷史人物命名。「弁慶」號目前於埼玉的鐵道博物館靜態保存，「義經」號則於京都鐵道博物館動態保存。

九州、四國則尋求當時的新興工業國德國協助及進口蒸汽機車。1889年通車的九州鐵道在通車時導入了3輛水櫃式機車，後來又再添購11輛同型的蒸汽機車。較九州鐵道早一年通車的愛媛縣伊予鐵道也自德國購入了2輛蒸汽機

「義經」號是北海道第一條鐵路──官營幌內鐵道自美國進口的8輛蒸汽機車的其中1輛。目前保存於京都鐵道博物館。

展示在愛媛縣松山市梅津寺公園的伊予鐵道1號機車。這輛蒸汽機車為德國克勞斯公司製，從1888年伊予鐵道通車起，服務了超過60年。這也是日本現存最古老的輕便鐵路機車。

德國克勞斯公司於1889年製造的「克勞斯15號蒸汽機車」。這輛機車是九州鐵道所進口，生涯晚期在北海道載運煤等。目前於北海道沼田町對外展示。

車，夏目漱石的小說《少爺》將其形容成「像是火柴盒一樣」。1號機車目前靜態保存於松山市內的梅津寺公園。

此外，日本鐵道在1897年向美國的製造商下訂了軸配置「1D1」的水櫃式機車。這種軸配置在世界上為前所未見，由於是天皇所在的國家首開先例使用，因此命名為「天皇型」，並流傳到世界各地。D50型、D51型、D52型皆是採天皇型的軸配置。

日本鐵路的草創期便是像這樣，本州接受英國、北海道接受美國、九州及四國接受德國的技術支援，因此每個地區使用的蒸汽機車血統相異。但經年累月發展下來，日本也逐漸培養出能力自行製造符合自身需求及條件的蒸汽機車。

「九六」是轉換為國產車輛的重要分水嶺

日本是在1893年首度自行製造出蒸汽機車。官設鐵道的神戶工廠根據英國技師畫的設計圖製造出了A9型（後來的860型）水櫃式機車。雖然品質稱不上精良，但在鐵路通車後僅花了21年就製造出國產機車，令英國技師也驚訝不已。由於日本在江戶時代長期鎖國，一切物品都必須在國內自行生產，這也成為了孕育出高水準技術的基礎。

神戶工廠的日本技師建立起自信後，在1895年製造出5680型煤水車式機車。繼承了幌內鐵道的北海道炭礦鐵道同樣著手國產化，同年製造出「大勝號」（後來的7150型），成為繼A9型後第2號日本國產蒸汽機車。

另一方面，1896年名古屋的鐵道車輛製造所（後來的日本車輛製造）、大阪的汽車製造（後來與川崎重工業合併）等民間的車輛製造商成立。汽車製造在1901年製造了供應給台灣的E40型水櫃式機車，翌年起並製造41輛供應日本國內的230型水櫃式機車，日本車輛也在1904年製造了1040型水櫃式機車。無論官鐵、私鐵，蒸汽機車的國產化在明治時代中期發展都突飛猛進。

儘管如此，由於國產機車性能不佳，無法高速運轉，因此1912年於新橋～下關間上路的特別急行列車等優等列車還是使用外國機車牽引。

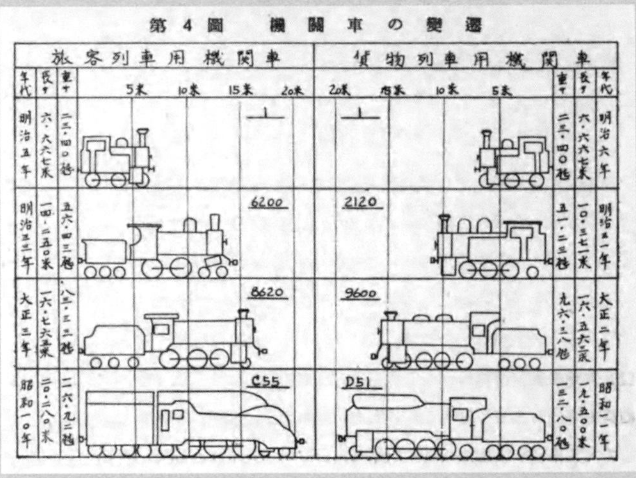

旅客用、貨物用機車的變遷（出自《機關車基礎工學》（國立國會圖書館藏））。

確立日本國產蒸汽機車的大量生產技術，拉開高性能、現代化蒸汽機車序幕的，是以1911年德國製的8800型為範本，1913年製造的9600型貨物用煤水車式機車（暱稱九六），翌年也有8620型旅客用煤水車式機車（暱稱八六）登場。9600型總共生產了770輛，大正時代暢銷的8620型共生產了687輛，在鐵軌上奔馳了許多年。

9600型登場後，便不再從國

1918年製造的9600型保存於位在國鐵廣尾線（1987年全線廢除）愛國站遺址的愛國交通紀念館。該車輛在追分機關區行駛至1972年，後來移往帶廣機關區，活躍至1975年退役為止。

也可以參觀9600型的駕駛室。

C59型牽引的特急「燕子」號。C59型的生產期間為1941～47年，在C62型登場以前肩負著牽引東海道、山陽本線特急列車的重責大任（照片／米原晁介）。

C61型牽引的特急「初雁」號。C61型主要負責牽引東北本線、鹿兒島本線等地方幹線的旅客列車（照片／米原晁介）。

隸屬新津機關區的1944年製D51型1030號車。D51型共生產了1115輛，是日本國內生產最多的機車，主要負責貨物運輸。

外進口蒸汽機車，改為使用國產機車。從配備當時日本最大，直徑1・75公尺主動輪的C51型，到中型的急行用旅客機車C53型、貨物機車D50型、支線用的C11型及C12型等，種類多元。1936年則有暱稱「DEGOICHI」的D51型登場，雖然中途經歷二戰，到1945年為止仍生產了多達1115輛。蒸汽機車的全盛期一直持續到戰後，但後來終究因為無煙化的潮流而在1976年以前全數退場。

＼有機會一定要搭！／

日本的SL觀光列車

吐著煙霧奔馳於鐵軌上的蒸汽機車
過去曾作為鐵路貨運及客運的要角，
活躍於日本全國各地。
目前，仍然可以在10條路線的觀光列車
見到蒸汽機車的身影。

❸ JR 東日本
SL磐越物語號（會津若松～新津）

以C57型180號車與7節12系客車行駛，為小朋友打造的「白鼬遊戲室」及展望車廂、綠色車廂等豐富元素深具吸引力。2022年8月的豪雨造成橋樑崩塌一度停駛。

❶ JR 北海道
SL冬季濕原號（釧路～標茶）

已行駛於釧網線超過20年，是釧路冬季觀光最著名的風情畫。由C11型171號車牽引5節編組的客車，並有吧檯式及包廂式座位，可飽覽釧路的壯麗景色。

❹ 東武鐵道
SL大樹號（下今市～鬼怒川溫泉）

客車的內裝及外觀以1950～60年代為概念，充滿懷舊氣息，負責牽引的機車為C11型207號車與325號車。班次及行駛區間可能會隨行駛日程調整。

❷ JR 東日本
SL銀河號（花卷～釜石）

2014年起行駛的觀光列車，以花卷出身的宮澤賢治筆下作品《銀河鐵道之夜》為整體概念。過去靜態保存的C58型239號車經修復後做為牽引用的機車。已在2023年春天停駛。

❽ 大井川鐵道
SL川根路號（新金谷～千頭）

SL川根路號是由蒸汽機車牽引的急行列車總稱，有C10形8號車、C11形190號車、C11形227號車、C56形44號車等4輛負責行駛。由於推出「湯瑪士小火車號」而大受歡迎。

❾ JR 西日本
SL山口號（新山口～津和野）

由D51型200號車或C57型1號車與5節35系客車負責行駛。客車是以往昔的車輛為概念製造的新車，設有駕駛模擬器、展望平台、多用途室等。

❿ JR 九州
SL人吉（熊本～鳥栖）

於JR薩肥線通車100周年的2009年復活。使用現存歷史最悠久的動態保存機車──大正時代製造的8620型58654號車牽引50系客車。

❺ JR 東日本
SL群馬 水上號（高崎～水上）
SL群馬 橫川號（高崎～橫川）

由D51型498號車或C61型20號車負責牽引，客車使用的是褐色的舊型客車及藍色的12系客車。蒸汽機車於水上站的調車轉盤轉換方向的景象絕對不可錯過。

❻ 真岡鐵道
SL真岡號（下館～茂木）

由C12型66號車牽引3節50系客車，於全年的週六、週日、假日行駛。由於行駛在沒有高架電車線，且全線皆為單線的區間，可充分體驗古色古香的蒸汽火車風情。

❼ 秩父鐵道
SL Paleo Express（熊谷～三峰口）

每年3月至12月行駛，由C58型363號車牽引4節12系客車。名稱是由在秩父地區挖掘到化石的海洋哺乳動物Paleoparadoxia而來。

※行駛日等資訊請於各官網確認。

火箭號

蒸汽機車的原點 行駛於全世界第一條鐵路

18世紀後期，英國工業革命使用了蒸汽機做為機械的動力。1829年，火箭號成為世界第一輛客運鐵路用蒸汽機車，揭開了鐵路時代的序幕。

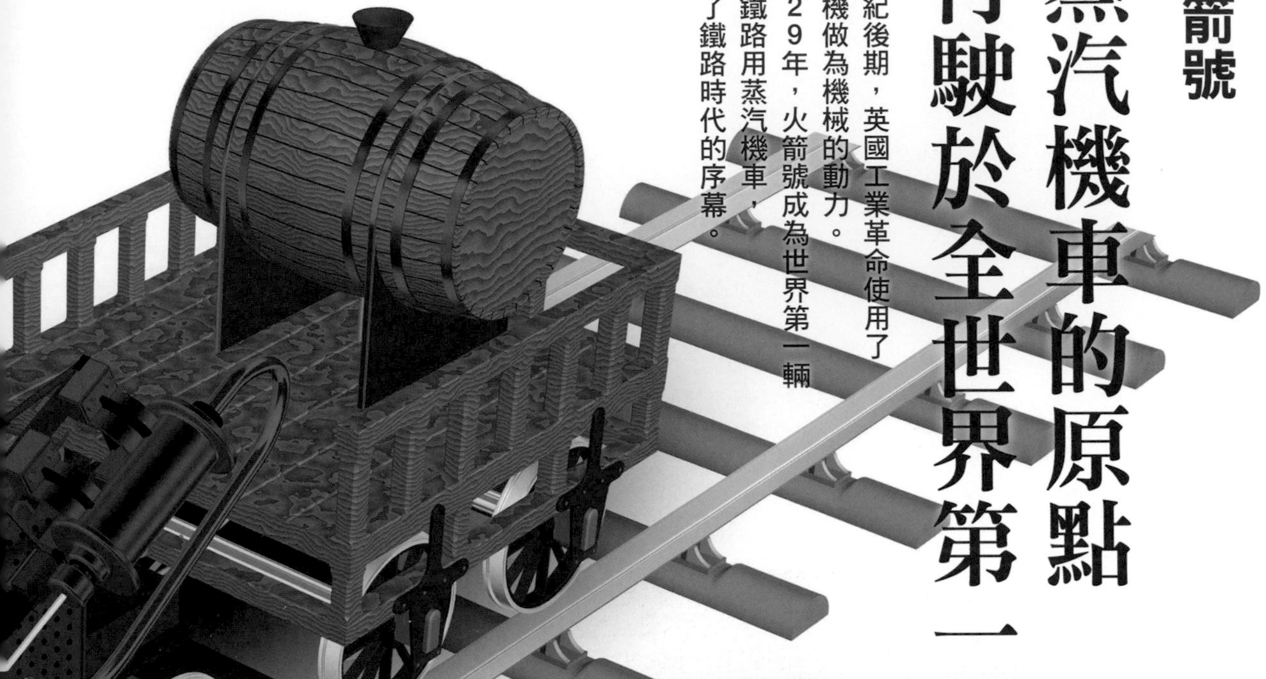

羅伯特・史蒂文生（1803～1859）是英國的鐵路工程師，與同為鐵路工程師的父親喬治・史蒂文生一同製作出蒸汽機車。

使用最先進的蒸汽機技術牽引貨物列車與旅客列車

英國的曼徹斯特與利物浦在工業命時期分別是全世界棉工業的重鎮與國際貿易港，由於物資與人潮往來頻繁，相隔約50公里的這兩座城市形成了相互依存的關係。

兩地的有力人士因而在1824年發起興建鐵路的計畫。這項計畫決定使用當時最先進的蒸汽機技術當作動力，並於1829年在利物浦與曼徹斯特之間的雷恩希爾舉辦獎金500英鎊的機車比賽。在比賽中獲勝的是喬治・史蒂文生與其子羅伯特・史蒂文生設計、製作的火箭號。1825年通車的全世界第一條鐵路——斯托克頓和達靈頓鐵路所使用的機車一號便由喬治開發。

雷恩希爾比賽規定參賽的機車必須為重量6.1噸以下、鍋爐壓力3.5kg／cm²以下、價格550磅以下、能以平均時速16公里（10英哩）以上牽引20噸的列車，比賽期間內要在雷恩希爾單程2.8公里（1・75英哩）的平坦區間來回行駛10

火箭號曾經登上許多國家的郵票，圖為柬埔寨的郵票。

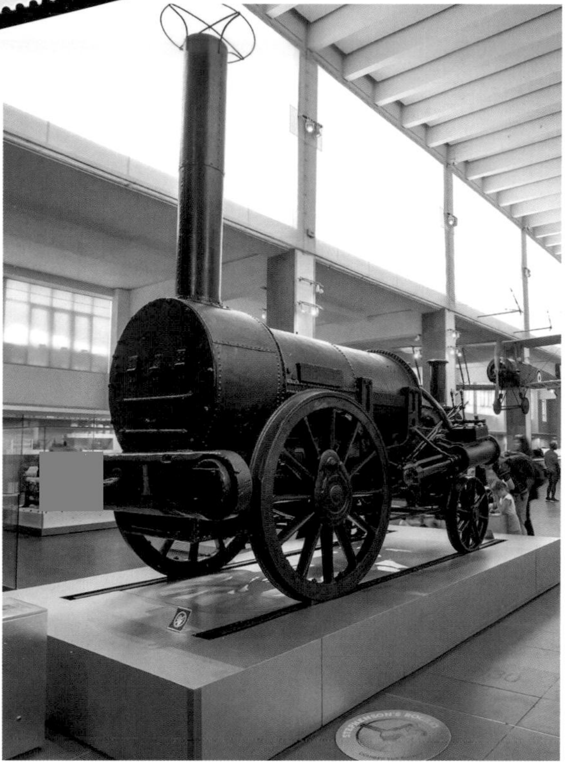

保存於倫敦科學博物館火箭號實物。這輛是汽缸配置接近水平的改良型車輛。

次。參加比賽的機車有５輛，但其中２輛在開始行駛前便已退出，由剩下的火箭號、無雙號、新穎號競爭，最終是由完成全程且成績優異的火箭號勝出。

利物浦和曼徹斯特鐵路於１８３０年通車，共有包括火箭號在內的８輛蒸汽機車負責牽引貨物列車與旅客列車。這也是全世界第一條使用蒸汽機車牽引的客運鐵路。

火箭號採用了增加煙管數量以加大熱傳導面積的多管式鍋爐，鍋爐前方為垂直立起的細長煙囪，後方則有燒煤用的投煤口與駕駛座。

DATA

火箭號

主動輪直徑：1,435mm
鍋爐壓力：50psi（3.51kg/cm^2）
重量：4.5t
最高運轉速度：時速48km
初次製造年：1829年

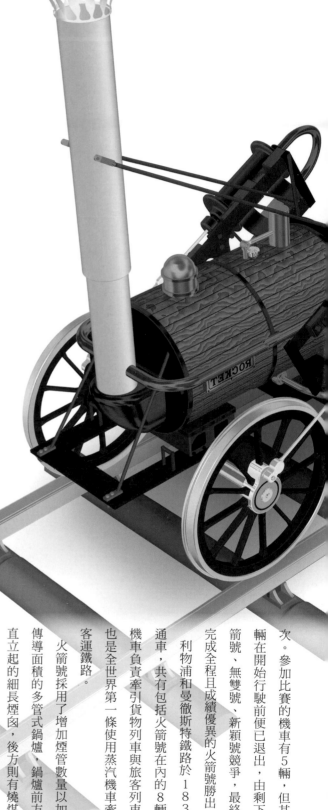

火箭號

內部的祕密

Inside

水櫃

後方連接的拖車上有水櫃及堆放燃料的空間。當時是以啤酒桶充當水櫃。

主動輪之所以會轉動，是鍋爐燃燒產生的蒸汽壓力使得活塞進行往復運動，曲柄驅動則藉由連桿將往復運動傳至主動輪，並轉換為旋轉運動。後來製造的蒸汽機車使用的也是幾乎與此相同的原理、技術，火箭號因此被稱為工業用蒸汽機車的原點。

當作燃料用的煤與水存放在後方連接的2軸拖車（煤水車），以隨時供應給機車。軌距則是後來成為全世界軌距標準的1435mm。

利物浦和曼徹斯特鐵路通車後，火箭號無論牽引貨物或旅客列車都有出色表現，是促成各地展開鐵路興建計畫的一大功臣。

主動輪與從動輪

主動輪為1軸，直徑1420mm；搭配直徑760mm的1軸從動輪。

試運轉時牽引12.5噸貨物的平均速度為時速24km，因表現最優異獲得了500英鎊獎金，並成為利物浦和曼徹斯特鐵路第一款指定形式，在隔年1830年牽引通車的首班列車。

全世界首款具備多管式鍋爐與送風管的現代化蒸汽機車

煙囪

長4.9公尺，以煙囪支柱支撐於車身，頂端為裝飾。

傾斜汽缸

採直徑203mm、長432mm的左右2缸設計，以35度的角度斜向安裝於駕駛座兩側附近。

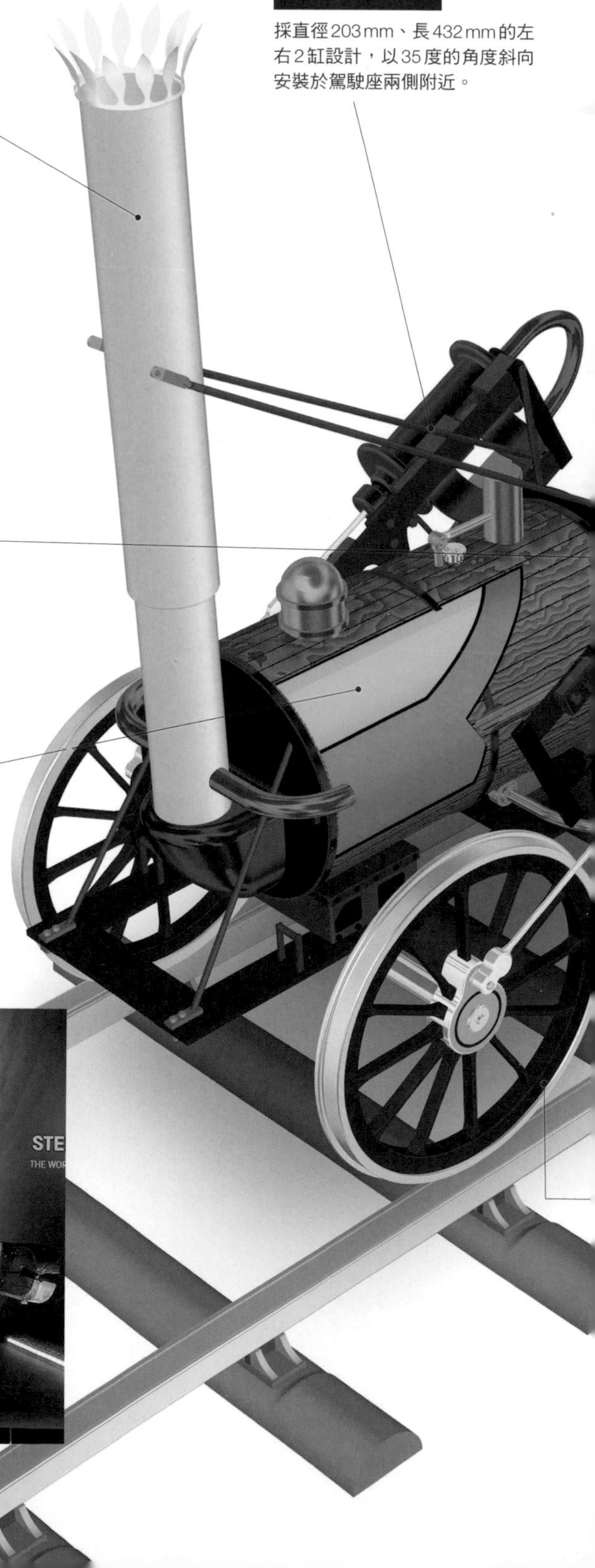

駕駛座

位於鍋爐正後方的火箱。沒有頂棚也沒有椅子，駕駛員與助手是站著駕駛。設有煙箱以防止煤渣從煙囪排出。

鍋爐

採用多管式鍋爐，有數支銅製煙管，以加大傳熱面積，增加蒸氣產生量。另一項特色是具備送風管（將排放氣體往煙囪推升的裝置）。火箱為熱傳導效率高的銅製，且設置在鍋爐內以提升熱效率。

大英鐵路博物館展示的火箭號。

\ 學習鐵道知識的好所在！ /

鐵道博物館、資料館

日本全國有許多鐵路相關的博物館及資料館，在這些地方可以參觀、搭乘鐵路史上的著名列車或是透過模擬器體驗，充分感受鐵道魅力。

群馬縣安中市

碓冰峠鐵道文化村

訴說列車奮力對抗險惡地形的歷史

位於JR信越本線橫川站旁的鐵道主題公園。橫川與輕井澤間的碓冰峠以坡度陡峭聞名，過去必須仰賴齒軌式機車才能翻越山嶺。這裡展示了約30輛與這段歷史相關的車輛，資料館也有豐富的資料供遊客觀賞。

●群馬縣安中市松井田町橫川407-16　●027-380-4163

埼玉縣埼玉市

鐵道博物館

日本最大規模的鐵道博物館

從日本第一輛蒸汽機車「1號機關車」到E5系新幹線，共展示41輛明治時代至現代最具代表性的鐵路車輛，是日本國內最大規模的鐵路相關博物館。D51型蒸汽機車實物打造的模擬器也很受歡迎。預約制的圖書館有各種鐵道資料可閱覽。

●埼玉縣埼玉市大宮區大成町3-47　●048-651-0088

千葉縣夷隅市

波波丘

展示與千葉當地有淵源的車輛

以曾在千葉縣行駛的車輛為主，共展示28輛鐵路車輛。週末會舉辦在約50公尺的距離來回的「車掌車編組乘車體驗」、開放參觀柴油機車控制台等活動。還會在某些展示的車輛內販售鐵道商品及在地特產等。

●千葉縣泉市作田1298　●0470-62-6751

北海道三笠市

三笠鐵道村

展示蒸汽機車及完整編組的特急列車

「幌內區」以展示鐵路相關歷史的「三笠鐵道紀念館」為中心，可以看到各種蒸汽機車，並有餐車打造成的餐廳。以克勞佛公園為中心的「三笠區」則展示了完整編組的Kiha 82。

●北海道三笠市幌內町2-287　●01267-3-1123

新潟縣新潟市

新津鐵道資料館

「鐵道之都」新津的資料館

位在因信越本線、羽越本線、磐越西線交會而發展為「鐵道之都」的新津。戶外展示了200系新幹線最後的營業列車200系K47編組的第1節車廂。館內的展示則能讓遊客學習到鐵路運作的原理及技術。

●新潟縣新潟市秋葉區新津東町2-5-6　●0250-24-5700

岡山縣津山市

津山鐵道教育館

日本唯一展示DE50之處

靠近JR津山站，由舊津山機關區的扇形車庫打造成的博物館。展示了日本國內唯一1輛DE50等國鐵時代的車輛。館內還有解說歷史的「足跡展間」、介紹鐵路技術的「機制展間」等。

●岡山縣津山市大谷　●0868-35-3343

愛媛縣西條市

鐵道歷史Park in SAIJO

於4處設施介紹四國的鐵路

由緊鄰JR西條站的「四國鐵道文化館」北館與南館、「十河信二紀念館」、「觀光交流中心」4處設施構成，展示了DF50型機車、軌距可變列車。十河信二為前國鐵總裁，在紀念館可參觀與其有關的物品。

●愛媛縣西條市大町798-1　●0897-47-3855

福岡縣北九州市

九州鐵道紀念館

活躍於九州的車輛集結在此

位於靠近JR門司港站的門司港懷舊地區。暱稱「九六」的9600型蒸汽機車及581系臥鋪電聯車等曾活躍於九州的9款車輛齊聚於此。可在本館參觀明治時代的客車等。

●福岡縣北九州市門司區清滝2-3-29　●093-322-1006

東京都江戶川區

地下鐵博物館

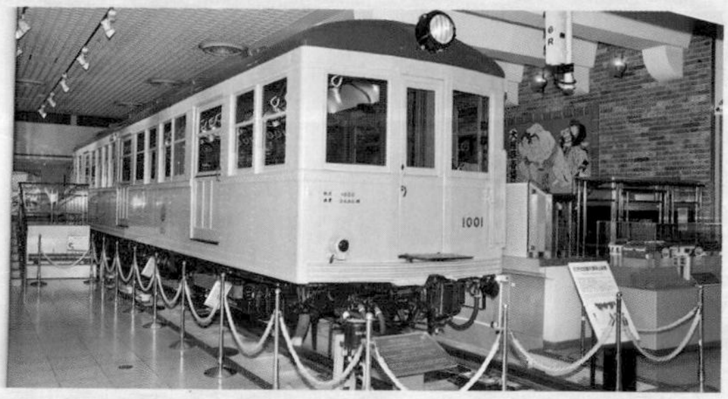

講解地下鐵相關知識

展示了日本第一條地下鐵使用的「1000型電聯車」及戰後第一條地下鐵──丸之內線的「300型車輛」等。也可在此認識隧道是如何興建的、地下鐵的運作原理、為維持行駛安全所設計的措施等。

●東京都江戶川區東葛西6-3-1　●03-3878-5011

愛知縣名古屋市

磁浮・鐵道館

講解高速鐵道的技術及運作原理

在此展示的39輛車輛包括了歷代東海道新幹線、在來線及蒸汽機車、超導磁浮列車等。館內透過模型、影像等，詳細解說了高速鐵道的技術演進及提供安全舒適乘車體驗所不可或缺的相關知識原理。鐵道情景模型及新幹線駕駛模擬器等也很有人氣。

●愛知縣名古屋市港區金城ふ頭3-2-2　●052-389-6100

京都府京都市

京都鐵道博物館

透過展示認識鐵路的發展

保存、展示蒸汽機車、新幹線等各種車輛的實物，講解鐵路歷史及技術的展示也十分豐富。可體驗駕駛員工作的「駕駛模擬器」，以及實際由蒸汽機車牽引的「SL蒸汽號」等搭乘體驗是最受歡迎的項目。

●京都府京都市下京區觀喜寺町　●0570-080-462

※休館日、開館時間等最新資訊請事先於官網等確認。
非日本地區，號碼須撥國際電話。

■透視插畫
松島浩一郎
擅長透視交通工具、重機械、動物等各式各樣物體構造的繪畫。曾出版《めくって発見！えほん のりもの》（永岡書店）、《のぞいてみよう！いろいろなのりもの》（JTB Publishing）、《学研の図鑑LIVE もののしくみ》（學研PLUS，共著）等眾多著作。

■照片・協助
碓冰峠鐵道文化村　大井川鐵道　小田急電鐵
京都鐵道博物館　多摩都市單軌電車
千葉都市單軌電車　鐵道博物館
日本車輛製造株式會社　磁浮・鐵道館
えくてびあん　みや　米原晟介

■編輯
真柄智充（「旅と鉄道」編輯部）

編輯協助
株式會社美和企劃

書籍設計
櫻田もも

執筆
川崎俊哉、平賀尉哲、松尾 諭、鷲田鉄也

■主要参考文献
『車両技術』各巻(日本鉄道車輌工業会)　『新線路』各巻(鉄道現業社)　『鉄道ピクトリアル』各巻(電気車研究会)　『鉄道車両と技術』各巻(レールアンドテック出版)　『鉄道技術140年のあゆみ』(コロナ社)　『 鉄道データファイル』各巻(ディアゴスティーニ)『 JR全車両大図鑑』(世界文化社)

TOSHI ILLUST DE WAKARU TETSUDO NO SHIKUMI ZUKAN
Copyright © 2022 Koichiro Matsushima
Chinese translation rights in complex characters arranged with Temjin Co.,Ltd.
through Japan UNI Agency, Inc., Tokyo

鐵道透視圖鑑──15款日本列車內部大圖解！

出　　版／楓書坊文化出版社
地　　址／新北市板橋區信義路163巷3號10樓
郵政劃撥／19907596　楓書坊文化出版社
網　　址／www.maplebook.com.tw
電　　話／02-2957-6096
傳　　真／02-2957-6435
作　　者／松島浩一郎
翻　　譯／甘為治
責任編輯／林雨欣
內文排版／洪浩剛
港澳經銷／泛華發行代理有限公司
定　　價／380元
出版日期／2024年3月

國家圖書館出版品預行編目資料

鐵道透視圖鑑：15款日本列車內部大圖解！／
松島浩一郎作；甘為治譯. -- 初版. -- 新北市：
楓書坊文化出版社, 2024.03　面；　公分
ISBN 978-986-377-949-0（平裝）
1. 鐵路 2. 電車 3. 日本
557.2631　　113000648